COMO EMPREGAR E FAZER NEGÓCIOS, SERVINDO E ADORANDO A DEUS

"A grande contribuição de Patrick Lai para o diálogo global sobre o *trabalho como adoração* é sua aplicação precisa e persistente àquelas regiões, neste mundo de Deus, onde o evangelho é menos ouvido, observado e aceito por aqueles que têm sido chamados, escolhidos e comissionados para ser testemunhas de Cristo até os confins da Terra. Sermos filhos de um Pai para quem a justiça é um traço central do caráter requer de nós obediência sem pestanejar para irmos aos menos alcançados e sermos exemplos apropriados do Reino ao discipularmos as nações."

—PETER SHAUKAT, cofundador de um fundo global de investimentos voltado para o Norte da África, o Oriente Médio e a Ásia.

"Deus deseja que, como cristãos, andemos, trabalhemos e adoremos com limpidez e coerência divina, vivendo em um mundo ambivalente e ambíguo. De maneira clara e convincente, o livro de Patrick Lai fornece base e substância bíblicas para isso. Ele o inspirará à genuína adoração."

—LUD GOLZ, pastor emérito da *Fellowship Bible Church* em Chagrin, Ohio, e expositor da Bíblia no programa de rádio *Getting God's Message*.

"Quem lidera, com frequência, está muito ocupado para escrever sobre isso. Porém Patrick Lai liderou o movimento de *Business as Mission* antes mesmo de ser chamado de BAM[1]. Todos podemos nos beneficiar das suas reflexões sobre os impulsos fundamentais para a obra do Reino a fim de 'terminar a tarefa'. Obrigado, Patrick, pelo trabalho benfeito!"

—GARY GINTER, cofundador e presidente de *VAST Power Systems*, Inc.

---

[1] *Negócios como Missão* (BAM) é um movimento global que agrega profissionais que usam seus dons de empreendedorismo e habilidades gerenciais para trazer soluções criativas, sustentáveis e de longo prazo aos desafios sociais, ambientais e espirituais ao redor do mundo. BAM é um termo relativamente novo, mas é baseado em conceitos bíblicos.

COMO EMPREGAR E FAZER NEGÓCIOS, SERVINDO E ADORANDO A DEUS

Patrick Lai

Originally published in English under the title
Workship: Recalibrate Work and Worship
Copyright © 2021 by Patrick Lai
Published by OPEN Worldwide Publishing
All rights reserved

Coordenação editorial: Adolfo A. Hickmann
Tradução: Hans Udo Fuchs
Revisão: Dalila de Assis, Lozane Winter
Coordenação gráfica: Audrey Novac Ribeiro
Diagramação e capa: Rebeka Werner

Dados Internacionais de Catalogação na Publicação (CIP)

LAI, Patrick
Como empregar e fazer negócios, servindo e adorando a Deus
Tradução: Hans Udo Fuchs — Curitiba/PR, Publicações Pão Diário, 2023
Título original em inglês: *Workship: Recalibrate Work and Worship*

1. Missiologia   2. Adoração   3. Trabalho   4. Fé

Exceto quando indicado no texto, os trechos bíblicos mencionados são da edição Nova Versão Internacional (NVI) © 2011 Sociedade Bíblica Internacional.

Proibida a reprodução total ou parcial sem prévia autorização, por escrito, da editora. Todos os direitos reservados e protegidos pela Lei 9.610, de 19/02/1998. Permissão para reprodução: permissao@paodiario.org.

Publicações Pão Diário
Caixa Postal 4190,
82501-970 Curitiba/PR, Brasil
publicacoes@paodiario.org
www.publicacoespaodiario.com.br
Telefone: (41) 3257-4028

QT846 • ISBN: 978-65-5350-368-7

1.ª edição: 2023

Impresso no Brasil

Dedico este livro a meu Mestre, Salvador, Rei e melhor Amigo — Jesus. Sem o Senhor, Jesus, não temos propósito para viver e respirar. Espírito Santo, que este livro possa ser um recurso útil para que o reino de Deus venha mais rápido e a vontade dele seja feita na Terra como é no Céu. Os primeiros 50 anos foram maravilhosos, Pai; estou cheio de expectativa pelos próximos 50.000.

Louvado seja o SENHOR!
Louvem o SENHOR em seu santuário,
louvem-no em seu majestoso céu!
Louvem-no por seus feitos poderosos,
louvem sua grandeza sem igual! [...]
Tudo que respira louve ao SENHOR!
Louvado seja o SENHOR!
SALMO 150:1-2,6 NVT

Sumário

Prefácio 11
1. Revendo conceitos 19
2. Por que fazemos negócios? 37
3. Reconsiderando a forma de nos relacionarmos com outras pessoas 51
4. Ajustando nossa perspectiva à perspectiva de Deus sobre o trabalho 69
5. Decifrando a tradução 83
6. Lições tiradas da agricultura 101
7. Os dois arados 133
8. Mais sobre os arados 157
9. Trabalho revisto, adoração repensada 171
10. Odres novos para vinho novo 187
11. Reajustando conceitos e práticas 215

Terminologia 227
Agradecimentos 229
Sobre o autor 231

Prefácio

Esta série sobre trabalho e adoração é o ponto culminante do que o Senhor tem me ensinado em minhas reflexões sobre esses dois assuntos. Em 1984, depois de trabalhar por 5 anos em uma igreja em minha cultura de origem, o Senhor me levou a servi-lo no exterior. Como resultado disso, este livro enfatiza a missão transcultural e o amor que Deus tem por todos os povos. No entanto, os temas nele abordados são relevantes para todos os que querem glorificar a Jesus em qualquer lugar em que Ele o leve a trabalhar. Oro para que cada leitor receba um novo entendimento sobre a perspectiva de Deus quanto a vida e trabalho e seja desafiado a viver para Ele integrando trabalho e ADORAÇÃO para Sua glória.

Pouco depois de assumir a liderança do exército de Israel, Josué encontra outro guerreiro.

> *Quando Josué estava perto da cidade de Jericó, olhou para cima e viu um homem em pé diante dele, com uma espada na mão. Josué se aproximou e lhe perguntou: "Você é amigou ou inimigo?". O homem respondeu: "Na verdade, cheguei agora e sou comandante do exército do SENHOR".*
> JOSUÉ 5:13-14 NVT

Josué presume que há dois lados em toda batalha, mas logo descobre que está equivocado. Nas Escrituras, há o meu lado, o seu lado e o lado de Deus. Ele não escolhe lados. Deus ama todos os seres humanos, não importa em qual exército ou a qual lado escolhemos nos vincular.

"Será que vocês, poderosos, falam de fato com justiça?..." (SALMO 58:1). Um dos meus muitos defeitos na vida, e certamente no mundo dos *Negócios como Missão*, tem sido o espírito crítico. Contudo, em meus estudos da Palavra de Deus, vejo que o Senhor não me chamou para ser crítico, mas testemunha. Minha tarefa não é condenar ou desculpar o mundo, mas amá-lo. E eu duvido que esteja sozinho ao assemelhar-me aos fariseus do tempo de Jesus que, por vezes, perdiam de vista o fato de que o estudo e a interpretação das Escrituras não devem ser um fim em si mesmos. Deus nos deu a Sua Palavra escrita com um propósito prático: "...para que o homem de Deus seja apto e plenamente preparado para toda boa obra" (2 TIMÓTEO 3:17). Quando há uma lacuna entre a sala de aula ou o púlpito e a vida diária de um seguidor de Jesus, esterilidade e superficialidade costumam encher a igreja.

Creio que o Pai me encorajou a escrever este livro não para converter os que defendem as coisas como estão, mas para arregimentar os que estão dispostos a questionar as coisas como estão e substituí-las por uma realidade que está muitíssimo mais alinhada com o que Deus tem em mente para Sua noiva — a Igreja. Este livro e os demais que o seguirão são para aqueles que têm fome de encontrar e cumprir a profunda necessidade humana, concedida por Deus, de ser um com Ele em tudo o que dizem e fazem. Escrevi para aqueles que anseiam por ver o reino de Deus vir e Sua vontade ser feita em nós e por meio de nós.

A Igreja e as organizações paraeclesiásticas talvez ainda não tenham abraçado a integração de fé e trabalho, mas elas estão ao menos dando as mãos. A Igreja, por sua vez, ainda está confusa com as mensagens mistas que está ouvindo, mas está prestando atenção e tentando entender. E, pelo menos nos Estados Unidos, a comunidade empresarial cristã está se informando e buscando discernir como melhor adorar a Deus no local de trabalho e por meio dele. Isso é animador. Pois, enquanto nos esforçamos para integrar fé e trabalho e ver todas as pessoas dobrarem seus joelhos diante de Jesus, estamos vendo um progresso verdadeiro.

Contudo, ainda há diversas barreiras a superar na integração de fé e trabalho, incluindo a aceitação do trabalho empresarial como adoração, e uma estratégia válida para conquistar pessoas para Jesus — o maior obstáculo pode ser eu mesmo, ou talvez nós, aqueles que lideram o movimento de *Negócios como Missão* (BAM).

Há um tempo tive uma conversa com meu filho mais novo. Ele possui uma empresa de médio porte em uma das cidades muçulmanas mais perigosas do mundo. Ele me mostrou que minha geração, a primeira de empresários que exerceu o BAM (*Negócios como Missão*), tem uma postura negativa com relação às agências missionárias, às organizações não governamentais (ONGs) e aos missionários. Por 20 anos, líderes cristãos criticaram e desencorajaram aqueles de nós que queriam ser empresários em missão. Muitas vezes nos foi dito que estávamos equivocados em ver a empresa como um ministério. Os golpes deles doeram. As estocadas deles chegaram a tirar alguns da corrida. Eles eram realmente maldosos. Alguns ainda não nos entendem claramente, mas as coisas estão mudando. E a geração do milênio e especialmente a geração Z não tiveram as experiências negativas com as agências missionárias tradicionais que nós, os pioneiros com a visão de empresários em missão, tivemos. Estes novos obreiros não carregam os questionamentos e temores a respeito de BAM que os pioneiros e a geração X trazem. Todavia, como resultado de nossos traumas passados e nossa bagagem, acabamos projetando os questionamentos e temores errados sobre estes novos obreiros. Temos de entender que muitos desses questionamentos e temores não existem para os jovens. Ficar repetindo nossas experiências estressantes nos machuca e não os ajuda. Precisamos perdoar e esquecer.

Veja, quando eu me desliguei da minha primeira agência missionária a fim de abrir uma empresa, meu supervisor de campo me ameaçou: "Se você se tornar um empresário, você jamais abrirá uma igreja!". É evidente que ele estava errado. As disfuncionalidades das agências missionárias alimentaram seus próprios medos, porém nós (em especial os do milênio) temos de reconhecer que o mundo para missões hoje em dia está diferente. Sim, ainda há problemas — grandes problemas. Com certeza atitudes erradas, ruins e pecaminosas predominam e devemos nos abster de encorajá-las. Precisamos corrigir os problemas e avançar. Nossa tarefa não é criticar, mas edificar uns aos outros em amor.

Aqueles que trabalham com BAM e B4T (*Business for Transfomation*, empresas que transformam) foram mal-entendidos e estiveram sob ataque desde os primórdios, em meados da década de 1980. Como consequência, durante os primeiros 25 anos jogamos na defensiva. Como líder desses dois movimentos, posso ter sido o mais defensivo. Dito isso, agora quero ser o primeiro a dar um passo à frente e assumir minha parcela de culpa. Perdoe-me! Quero ser o primeiro a estender um ramo de oliveira em reconciliação.

B4T — empresas e profissionais em posições estratégicas em regiões não alcançadas (JANELA 10/40) que buscam lucratividade e se dedicam a criar empregos a fim de abençoar a comunidade local em nome de Jesus. B4T faz parte de BAM, no sentido de que BAM é o movimento global e B4T se concentra em muçulmanos, hindus e budistas no mundo.

Reconciliação: não precisamos necessariamente fazer parcerias com agências missionárias, das quais muitas claramente ainda não entendem quem somos e o que fazemos, mas temos de parar de criticar as organizações paraeclesiásticas e as igrejas como anteriormente elas nos criticaram. Se querem ou não assumir sua falta de preparo é problema delas. Nós precisamos avançar. Devemos ser nobres, como os bereanos, que examinavam as Escrituras para discernir a verdade (VEJA ATOS 17:11).

Temos de nos concentrar em uma nova geração do povo de Deus, servos de Deus que realmente querem integrar sua fé e seu trabalho. Precisamos parar de reclamar e de apontar o dedo para nossos irmãos e irmãs. Devemos começar a trabalhar em sermos honestos, corretos e espirituais em nossas atitudes e relacionamentos.

Em um artigo na revista *Christianity Today* intitulado "Um pedido de perdão do 1% de cristãos aos outros 99%", Michael Oh escreveu a todos os trabalhadores cristãos: "Você não existe para ajudar líderes profissionais de ministérios a cumprir a Grande Comissão. Nós existimos para ajudar você a cumpri-la"[2].

Ele o disse muito bem, mas o que mudou? Podemos procurar reconciliação e isso é bom, mas os problemas continuam existindo. Para avançar na obediência em cumprir a Grande Comissão, temos de enfrentar *e* resolver os problemas. Muitas vezes, "na graça", evitamos as soluções para podermos viver em harmonia. Entretanto, Jesus não teve dúvidas em derrubar as mesas dos cambistas no Templo, nem em chamar os líderes religiosos de hipócritas e lhes dizer que estavam condenados ao inferno.

A reconciliação é importante, mas uma reconciliação que não se baseia na verdade é superficial, e uma reconciliação que não envolve mudança de comportamento é hipócrita. Quando deixamos de lado as raízes dos problemas e nos concentramos nas questões superficiais, estamos sendo guias cegos. A verdade é a rocha sobre a qual a Igreja do Senhor deve ser edificada. A verdade vem antes da harmonia. Jesus é "a verdade" (JOÃO 14.6). Edificar a Igreja em harmonia é muito bom e certo. Entretanto, se a verdade não for o fundamento da reconciliação e se encobrimos ou ignoramos problemas para facilitar a harmonia, estamos construindo sobre areia. No filme *Dois papas* (Netflix, 2019),

---

[2] *Cristianismo hoje*. 13 de junho de 2019. Disponível em https://www.christianitytoday.com/ct/2019/june-web-only/pedido-de-perdao-cristaos-99-1-por-cento-lausanne-gwf-fmt.html

o cardeal Bergoglio (que se tornou o papa Francisco) disse muito bem: "A verdade pode ser vital, mas sem amor ela é insuportável".

Este é o primeiro de uma série de livros voltados à integração de fé e trabalho. Este livro se concentra na integração de *trabalho e adoração*, o que inclui nossa "teologia do trabalho". Nesta obra, exponho o fundamento bíblico para a integração de fé e trabalho. Os três livros têm a intenção de abordar os problemas e a solução deles para o primeiro plano nas igrejas e nas organizações paraeclesiásticas. Praticamente todas as soluções sugeridas foram testadas e provaram ser boas, úteis e bem-sucedidas ao resultar em bons frutos para o Reino. Com isso não quero dizer que todas as soluções são adequadas para todas as organizações, igrejas ou indivíduos, e não sou tão arrogante a ponto de achar que as ideias apresentadas por nós são a única maneira de resolver cada problema. Ofereço tais soluções num esforço para fazer as pessoas dialogarem, a fim de enfrentarem os problemas e preconceitos, e explorarem a realidade, a verdade de nossa vida e trabalho (sim, adoração... veja o capítulo 7) como o Senhor planejou. Assim como Deus levantou diferentes igrejas e organizações paraeclesiásticas para Seus propósitos, Ele pode fazer com que cada um de nós aplique essas ideias de modo diferente.

Essa série de livros sobre trabalho/adoração pretende questionar e gerar pontos de discussão. Precisamos de pontos de discussão. Precisamos da sabedoria de Deus e buscar Seu entendimento. Escrevi este primeiro livro em uma tentativa de descrever os problemas e trazer soluções bíblicas para eles, tentando trazer luz à nossa escuridão de mal-entendidos. E como os bereanos, oro para que cada leitor estude com oração e dedicação esses pontos a fim de conhecer o que Deus pensa sobre eles.

Para os que são novatos quanto aos termos missiológicos usados neste livro, há uma lista com o significado deles no final do livro.

Desejo que este livro seja uma pequena ajuda para você, caro leitor, enquanto nos esforçamos juntos, em obediência, para completar a Maior Comissão outorgada por Deus. Compartilho essas coisas não com orgulho, mas com um coração sincero, sabendo que o Senhor é que me conduziu por este caminho.

Nós o proclamamos, advertindo e ensinando a cada um com toda a sabedoria, para que apresentemos todo homem perfeito em Cristo. COLOSSENSES 1:28

Revendo conceitos

Um rebelde tenta mudar o passado; um revolucionário tenta mudar o futuro. ANÔNIMO

Agora que pus a mão na cabeça, vi que estou sem chapéu. PROVÉRBIO PERSA

Falamos, não com palavras ensinadas pela sabedoria humana, mas com palavras ensinadas pelo Espírito, interpretando verdades espirituais para os que são espirituais. APÓSTOLO PAULO[3]

Como estudante na Universidade de Oregon, tive aulas de Química orgânica. O curso incluía uma experiência em laboratório que, como nos disseram, se fosse realizada da forma adequada, duraria 20 horas. Nossa tarefa

---
[3] 1 Coríntios 2:13

era misturar dúzias de ingredientes de maneira exata a fim de produzir soluções independentes. Se cada solução fosse perfeita, misturá-las resultaria no composto correto.

Pois bem, eu nunca fui conhecido por ser exato. Químico também não sou. Depois das tais 20 horas, eu mal tinha completado a metade da tarefa. Cada semana eu tinha de rever minhas soluções para corrigir erros minúsculos que havia cometido. Eu tinha de recalcular e refazer as fórmulas que eu estava misturando para ter certeza de que os percentuais de cada ingrediente estavam corretos. Por fim, completei todos os ajustes corretamente, misturei as soluções e obtive o resultado desejado — nota mínima para passar! Depois de 30 horas de trabalho, chamei o professor para avaliar meu produto final. Quando ele estava se aproximando da bancada em que eu trabalhava, ao me virar para pegar o Bico de Bunsen, esbarrei na proveta que continha meu composto final, que se espatifou no chão! Quando me formei, três anos mais tarde, ainda havia aquela grande mancha roxa no chão, onde a proveta tinha se despedaçado.

A vida, como a química, requer calibragens frequentes. Mudanças ocorrem constantemente à nossa volta, exigindo ajustes de nossa parte. Calibragens regulares são essenciais. Se fizermos ajustes com a frequência necessária, nunca nos desviaremos muito do curso.

Hindus e budistas têm santuários em seus locais de trabalho. O islamismo foi difundido por homens de negócios e continua sendo. Um relatório do *Pew Research Center*[4]

---

[4] Organização apartidária que realiza pesquisas de opinião pública, pesquisa demográfica, análise de conteúdo e outras pesquisas de ciências sociais baseadas em dados e informa o público sobre questões, atitudes e tendências que moldam o mundo.

prevê que o islamismo crescerá mais do que o dobro da população mundial nas próximas três décadas e se tornará o maior grupo religioso do mundo. Três das maiores religiões ensinam seus seguidores a integrar vida e trabalho melhor do que nós. *Nós* separamos o que *eles* integram. Não é de admirar que o islamismo está crescendo mais rapidamente que o cristianismo e que o cristianismo está em declínio no Ocidente.

Temos de fazer uma grande mudança de paradigma em nossos esforços se queremos obter sucesso em alcançar o mundo inteiro. Em nossa pátria e no exterior nossos esforços estão produzindo bem menos do que os 100% daquilo que Jesus oferece (VEJA MATEUS 13:8). Além disso, mais de 90% dos missionários enviados dos Estados Unidos servirão entre povos alcançados, em que já existem igrejas. Enquanto isso, os povos e lugares sem presença cristã continuam a viver na escuridão conforme as estatísticas relacionadas a missões no mundo atual. Baseado em nossa inclinação para conforto, segurança e sucesso, não é surpresa que os missionários prefiram ir a lugares onde há igrejas bem estabelecidas. Contudo Jesus condiciona o Seu retorno ao fato de que todos os grupos étnicos do mundo tenham ouvido sobre o evangelho — somente então, Ele poderá voltar. A palavra que costuma ser traduzida por *nação* em Mateus 24:14 em grego é ἔθνος (ethnos). O sentido é grupo étnico, povo, nação. Acontece que a maioria dos povos menos alcançados no mundo estão em países que não concedem vistos a missionários. Em Apocalipse 7:9 João descreve: "...diante de mim estava uma grande multidão que ninguém podia contar, de todas as nações, tribos, povos e línguas, em pé, diante do trono e do Cordeiro...". Se queremos ver pessoas "de todas as nações, tribos, povos e línguas" adorando Jesus, nossos métodos e estratégias têm de mudar. E embora muitos países estejam fechados para o trabalho missionário, esses mesmos países estão de portas escancaradas para negócios, até para negócios em nome de Jesus.

A missão e a Igreja estão em uma distorção do tempo. Precisamos de um novo olhar — uma nova perspectiva para compartilhar a mensagem de Deus no exterior e também em casa. Explosões populacionais e implosões econômicas estão mudando o mercado e a sociedade. Precisamos de novas infraestruturas para recrutar, treinar, mobilizar, sustentar e cuidar de obreiros no campo — AGORA!

Precisamos rever o que as Escrituras nos ensinam sobre vida, trabalho e missão. É provável que estejamos fazendo alguma coisa errada — talvez muitas coisas. Isso não seria surpresa. Jesus nos diz que, chegando perto do tempo do fim, a maioria dos que afirmam ser Seus seguidores praticarão coisas erradas (VEJA MATEUS 24:12). Todavia, em Sua graça e para Sua glória, temos de continuar avançando.

Advertências

Gosto de esportes e muitas vezes me divirto com o entusiasmo dos comentaristas. Uma das falas favoritas dos comentaristas de qualquer esporte para chamar nossa atenção e ficarmos alerta é: "Este é o jogo mais importante do campeonato!". É evidente que o tal jogo é o mais importante do campeonato, pois é o que está rolando no momento. Os jogos que já passaram são história; não podem ser mudados. E os jogos futuros serão influenciados pelo que ocorre hoje. Então, sim! É óbvio que este é o jogo mais importante do campeonato.

De maneira semelhante — esteja avisado — integrar o trabalho (nossos afazeres diários das 8h às 18h) na igreja e em nosso trabalho missionário no exterior atualmente é o fator mais importante para alcançar todos os povos. Observe que não estou dizendo que este é *o* fator mais importante, mas, sim, que é o elemento mais importante no presente. Pois cada dia que passa nos aproxima mais da volta do Senhor. Ao falar do Seu retorno, Jesus nos dá uma série de advertências:

Nem todo o que me diz: "Senhor, Senhor", entrará no Reino dos céus, mas apenas aquele que faz a vontade de meu a Pai que está nos céus. Muitos me dirão naquele dia: "Senhor, Senhor, não profetizamos em teu nome? Em teu nome não expulsamos demônios e não realizamos muitos milagres?". Então eu lhes direi claramente: Nunca os conheci. Afastem-se de mim vocês que praticam o mal! MATEUS 7:21-23

Devido ao aumento da maldade, o amor de muitos esfriará. MATEUS 24:12

Esforcem-se para entrar pela porta estreita, porque eu digo a vocês que muitos tentarão entrar e não conseguirão. Quando o dono da casa se levantar e fechar a porta, vocês ficarão do lado de fora, batendo e pedindo: "Senhor, abre-nos a porta". Ele, porém, responderá: "Não os conheço, nem sei quem são vocês". Então eles dirão: "Comemos e bebemos contigo, e ensinaste em nossas ruas". Mas ele responderá: "Não os conheço, nem sei de onde são vocês. Afastem-se de mim, todos vocês, que praticam o mal!". LUCAS 13:24-27

Um número crescente de cristãos está prestando atenção às advertências de Jesus. E eles começaram uma revolução. Milhares de crentes em Jesus em todo o mundo estão deixando as formas antigas, históricas e aceitas de fazer trabalho missionário transcultural por métodos ainda mais antigos, mais bíblicos. Essas pessoas que, por amor a Cristo, deixaram os pastos verdes da vida para passar pela gruna estreita do vale da sombra da morte descobriram que esse caminho difícil e estreito os leva ao coração do território inimigo — baluartes muçulmanos, budistas e hindus. Infelizmente, porém, há confusão entre as fileiras. Quem é o inimigo? Aqueles que fazem negócios transculturais estão sendo atacados por inimigos fundamentalistas do *front* — o que não é de surpreender — mas também são alvejados pelas costas, por líderes de igrejas e agências missionárias!

Essas estratégias mais antigas estão arraigadas na Palavra de Deus. O que catalisa essa transição é nada menos que apressar a condição que Jesus enunciou para Seu retorno: "Este evangelho do Reino será pregado em todo o mundo como testemunho a todas as nações, e então virá o fim" (MATEUS 24:14). Estes soldados cumpridores dos seus deveres no exército de Jesus estão avançando para os cantos mais escuros do domínio de Satanás com retidão e autenticidade — irrepreensíveis (VEJA ATOS 24:16; FILIPENSES 2:15).

No livro *Cristianismo pagão?*[5], Frank Viola e George Barna analisam e exploram as raízes das práticas e tradições da igreja e indicam que um novo tipo de trabalhadores é necessário para alcançar os não alcançados. Um ponto-chave é compreender as motivações dos que procuram integrar vida e trabalho, a estes eles chamam de revolucionários. Nessa excelente obra, os autores esclarecem: "O coração dos revolucionários não está em questão. Existe uma pesquisa mais do que suficiente para mostrar que eles estão buscando mais de Deus. Eles têm uma paixão pela fidelidade à Palavra dele e por uma sintonia maior com a Sua direção. Desejam ardentemente que o relacionamento com Deus seja a principal prioridade na vida. [Eles anseiam por pensar os pensamentos de Jesus. Eles querem fazer todos os movimentos com Jesus. Eles desejam inalar cada respiração com Jesus. Eles estão famintos por um relacionamento com Deus que os alimente e encha sua alma. Eles procuram outros com o mesmo coração, em quem reconhecem o mesmo desejo de se aprofundar nele][6]. Estão cansados das interrupções de uma conexão ressonante com Ele, causadas por instituições, denominações e rotinas. Estão exaustos de programas intermináveis que falham ao facilitar transformações. Estão saturados por terem que completar atribuições de tarefas,

---

[5] *Cristianismo pagão? — Analisando as origens das práticas e tradições da igreja* (Abba Press Editora, 2018).

[6] O trecho entre colchetes, embora esteja no original deste livro, não consta na versão em português, da referida obra, de onde foi extraída toda a citação indicada pelo o autor.

memorizar fatos e passagens e se engajar em práticas simplistas que não os atrai à presença de Deus".

Os que procuram integrar sua vida e trabalho são pessoas que experimentaram a bondade de Deus. Eles querem fazer diferença. Buscam verdade, transparência e excelência em sua vida e trabalho. E acima de tudo procuram ter um relacionamento profundo e íntimo com Jesus. Por consequência disso, esforçam-se para se relacionar apropriadamente com outros. Eles andam pela fé — não pelo que veem — desprendidos de sua vida e trabalho porque Jesus é fonte de sustento deles.

Quando vemos as mudanças e percebemos novas oportunidades, temos de revisitar os esforços, avaliações e ajustes em tempos passados da obra missionária. Quando você calibra algo, você confere, atesta ou corrige a medição da ferramenta que está usando para aferir. No âmbito militar, após disparar um canhão, o artilheiro confere onde o projétil explodiu para então ajustar o ângulo do próximo tiro. *Trabalho é adoração* é o primeiro livro de uma série que nos convida a rever esforços passados e presentes a alcançar o mundo e a *fazer ajustes* a fim de ter certeza de que estamos atingindo o alvo no século 21.

Assim como os primeiros esforços missionários, os novos, agora reajustados, também precisam estar fundamentados na Palavra de Deus. Ao estudarmos a vida de Jesus, devemos lembrar que o tópico do Reino de Deus e o tema do retorno de Jesus em glória são centrais nos evangelhos. Em um livreto brilhante intitulado *The Certainties of Christ's Coming*[7], Oswald Sanders relaciona 21 "certezas"

---

[7] *Certezas da volta de Jesus* (tradução livre), obra indisponível em português.

sobre o retorno de Jesus que podemos deduzir com segurança das Escrituras. Sanders investiga cada ponto e conclui que 20 dessas 21 certezas são coisas que somente Deus deve fazer antes que Jesus retorne. No entanto, há uma, que encontramos em Mateus 24:14, que os seguidores de Jesus são comissionados e ordenados a fazer: "Este evangelho do Reino será pregado em todo o mundo como testemunho a todas as nações, e então virá o fim".

Nesse versículo, a palavra grega ἔθνος (*ethnos*) costuma ser traduzida por "nações". Entretanto, o sentido de *ethnos* é bem mais específico do que "nações". Por exemplo, derivamos a palavra "etnicidade" de *ethnos*. O entendimento apropriado é "grupo étnico". Um "grupo étnico" ou "tribo" é algo muito diferente do que "nação" no mundo de hoje. De acordo com o *Joshua Project*[8], menos de 10% de todo o trabalho missionário é feito em grupos étnicos que não contam com igrejas. Independentemente disso ser um estratagema de Satanás para nos distrair e retardar o retorno de Jesus, ou a nossa natureza carnal escolhendo caminhos mais seguros, amplos e fáceis de trilhar — precisamos rever isso. A questão é que o fundamento dos nossos empreendimentos missionários contemporâneos está começando a pôr em risco os esforços para finalizar a obra de alcançar, com o evangelho, todos os grupos étnicos do mundo. Esse alicerce sobre o qual temos construído as missões mundiais — que é o missionário profissional e a posição de honra que ele ou ela tem na igreja — está afastando as pessoas das regiões menos alcançadas e mais perigosas e atraindo-as para tarefas missionárias

---

[8]"Projeto Josué", ministério cristão sem fins lucrativos que trabalha em coletar e distribuir informações sobre grupos étnicos menos alcançados no mundo.

mais seguras e fáceis. Nossa prioridade e energias não estão alinhadas com as de Deus. A Grande Comissão é a tarefa de alcançar todos os povos com as boas-novas de Jesus Cristo. Por isso, o enfoque primordial da igreja deveria ser enviar trabalhadores para lugares em que há poucas ou nenhuma igreja e quase ou ninguém trabalhando lá.

Considere esta ideia desafiadora. Se cada um que ler este livro levar Mateus 24:14 a sério e responder positivamente à condição colocada por Jesus de alcançar cada tribo, língua, povo e nação, poderíamos terminar a tarefa da evangelização mundial em nossa geração e testemunhar pessoalmente o retorno do Senhor (VEJA APOCALIPSE 5:9-10; 7:9). Se, para nós, o retorno de Jesus parece estar demorando para que haja tempo de todo o mundo ser evangelizado, por que estamos procrastinando para ir a todos os grupos étnicos? Pensar que uma cidade, sem mencionar um país, está fechada para o evangelho é absurdo. Neste exato momento há empresários cristãos trabalhando em todos os países do mundo. Lugar algum, país algum, governo algum está fechado para empresas lucrativas, que geram empregos, pagam impostos e honram o governo. O fato é que não há portas fechadas para o evangelho. O que há são seguidores desobedientes. Muitos seguidores calcularam os custos e decidiram que NÃO vale a pena correr o risco por Jesus (VEJA LUCAS 14.25-34). Em vez de procurar levar a glória de Jesus a todo o mundo, ficamos discutindo o significado de palavras, como *ethnos*, e debatendo detalhes escatológicos.

Talvez alguém pergunte: "Como podemos saber se todos os povos ouviram o evangelho? Como saberemos quando a missão de Jesus estiver concluída?". Deus sabe exatamente quem são "todas as nações". Tanto em Mateus quanto em Atos, Jesus insiste que ninguém sabe a data exata nem o momento certo que o Pai determinou para o Seu retorno (VEJA MATEUS 24:36; ATOS 1:7). Não é para sabermos. A única coisa importante que devemos saber é que a nossa tarefa ainda não está concluída. Nossa responsabilidade é cumprir a tarefa que Ele nos confiou, não nos determos em explicá--la. Enquanto Cristo não retornar, nosso trabalho está por fazer. E apenas o próprio Deus sabe o que ainda falta.

Nas últimas décadas dos anos 1800, muitas pessoas chamavam a África ocidental de "cemitério do homem branco". Centenas de missionários morreram em suas tentativas de evangelizar os muitos grupos étnicos não alcançados que havia ali. Doenças como febre tifoide, febre amarela e malária ceifaram tantas vidas que alguns missionários norte-americanos usavam um caixão para acondicionar e despachar suas posses para a África. Família, segurança e sacrifício pessoal perdiam a importância em comparação com o amor desses missionários por Jesus. Eles calcularam o custo e estavam dispostos a pagá-lo.

Hoje em dia também se calcula o custo, mas poucos estão dispostos a pagá-lo. Muitos chegam a dizer: "Já que a porta está fechada para missionários, este não deve ser o momento de Deus para o evangelho entrar nesse país". Por mais bem-intencionadas que essas pessoas estejam, elas estão enganadas. Quem se apega ao antigo fundamento missionário e deseja construir sobre ele acaba não se envolvendo com os grupos étnicos que ainda não tiveram contato com o evangelho. Em Romanos 15:20-21 Paulo escreve: "Sempre fiz questão de pregar o evangelho onde Cristo ainda não era conhecido, de forma que não estivesse edificando sobre alicerce de outro. Mas antes, como está escrito: 'Hão de vê-lo aqueles que não tinham ouvido falar dele, e o entenderão aqueles que não o haviam escutado'". Infelizmente, em nosso tempo nossa prioridade parece girar em torno de segurança, não de sacrifício; da escolha, não de compromisso.

Quando fazemos ajustes, vale fazer a pergunta: "Se já existem diversas igrejas em uma cidade, será que mais missionários realmente são necessários ali? Será que o Espírito Santo não pode guiar os cristãos locais à verdade de Jesus, sem a ajuda de um missionário?". Se as respostas a essas questões forem *não* e *sim*, então por que a maioria dos novos missionários está sendo enviada para lugares em que já existem igrejas?

Está acontecendo uma reviravolta no mundo. Esta exige que consertemos o alicerce da evangelização mundial antes de podermos voltar a morar nesta casa. Atingimos os limites físicos e metafóricos do edifício construído sobre o velho fundamento, e carecemos de algo novo. A população mundial crescerá de sete e tantos bilhões de pessoas atualmente para perto de 9.7 bilhões em 2050. Um dado muito mais importante é que passaremos de uma população mundial em que aproximadamente um bilhão de pessoas têm vivido um estilo "americano" de vida para um mundo em que três bilhões viverão nesse nível, ou aspirando por ele. Thomas L. Friedman afirma: "Esta é a primeira vez na história humana que o crescimento econômico se tornou a prerrogativa da maioria das pessoas no planeta"[9]. O *Population Reference Bureau*[10] relata

---

[9]Livro *Quente, plano e cheio — Porque precisamos de uma revolução verde* (Actual Editora, 2008).

[10]"Escritório de referência populacional", organização de pesquisa apartidária, sem fins lucrativos, centrada em melhorar globalmente a saúde e o bem-estar das pessoas por meio de políticas e práticas baseadas em evidências.

que quase dois terços da população do Oriente Médio têm menos de 25 anos e que mais de um em cada quatro está desempregado. Muitos desses frustrados jovens desempregados estão encontrando alívio na fé — islamismo, hinduísmo ou budismo. Esses jovens têm fome e sede de justiça. Eles valorizam sobremodo a retidão e a integridade. Eles buscam esperança e oportunidades de uma vida melhor. Empresas, administradas para a glória de Deus, são uma chave para abrir a porta para que esses jovens venham a Jesus.

No passado, as agências missionárias desempenharam um papel muito importante na propagação do evangelho pelo mundo. Todos devemos ser extremamente gratos aos que atenderam ao chamado antes de nós. No entanto, o mundo está mudando rapidamente, ao passo que as estratégias que usamos para alcançar hindus, muçulmanos e budistas ainda se parecem muito com as dos séculos anteriores. Temos de cavar mais fundo nas Escrituras para redescobrir os odres que Deus deseja usar para fazer o trabalho dele no tempo presente. Ainda carecemos do mesmo compromisso e sacrifício — o mesmo amor por Jesus e pelas pessoas a serem alcançadas; mas temos de repensar nossas ações!

Negócios: uma solução

Nos últimos 20 anos, passamos firmemente do mundo moderno para o mundo pós-moderno. Passamos do século 20 para o século 21. O trabalho missionário do século 21 não pode ser edificado sobre os alicerces dos séculos 19 e 20.

Mudar é difícil. Mudanças de paradigma são interessantes quando se lê sobre elas na história, mas nunca é fácil vivenciá-las. Na segunda metade da década de 1940, depois da Segunda Guerra Mundial, muitos ex-combatentes tiveram a visão de voltar ao exterior, dessa vez com o evangelho e não com armas. Na época havia uma ênfase no discipulado. Os Navegadores, a Missão Novas Tribos e outras organizações vieram a existir por causa do impacto da guerra. Na década de 1960 houve um movimento de jovens, e, com suas viagens missionárias de curto prazo, a JOCUM (Jovens com uma Missão) e a OM (Operação Mobilização) se tornaram populares. Na década de 1980, as missões *Frontiers* Brasil, Pioneiros e outras surgiram quando a ênfase começou a ser plantar igrejas entre povos não alcançados. Cada um desses períodos na história nos forneceu mais uma peça do quebra-cabeças para solução de Deus para o Seu Reino vir, para que a Sua vontade seja feita na Terra como é no Céu. Tenho certeza de que atualmente Ele está nos mostrando ainda outra peça desse quebra-cabeças: a dos negócios ou local de trabalho.

Deus nos comissionou a alcançar cada tribo, língua, povo e nação (VEJA APOCALIPSE 5:9; 7:9-10; 11:9; 13:7; 14:6). Negócios abrem portas para tribos, línguas, povos e nações que estão fechadas para outras táticas. Empreendimentos comerciais são uma estratégia antiga para compartilhar o evangelho. Você lembra de Paulo? Hoje o mundo empresarial oferece novas soluções — nessa área, profissionais podem ir a lugares que missionários convencionais não podem, como as regiões muçulmanas, hindus e budistas em que há poucas ou nenhuma igreja.

Por definição, uma empresa é uma organização que ganha dinheiro. Para os cristãos, isso ainda tem a vantagem adicional de ser uma bênção para outros. Steven, um *coach* da rede OPEN[11] de empresários com a filosofia B4T[12], ensina: "Sim, temos de ganhar dinheiro. Sem ganhar dinheiro, não há empresa. Como empresários e empresárias cristãos, temos de entender que, além de ganhar dinheiro, devemos ser testemunhas e bênção para nossos empregados, fornecedores, clientes e comunidade ao nosso redor".

"Negócios genuínos. Impacto verdadeiro." Esse é o lema da OPEN, uma rede com mais de 140 empresas que priorizam trabalhar onde há poucas ou nenhuma igreja. Empresas rendidas a Deus, em ambientes hostis a Ele, proporcionam frequentemente encontros com Jesus. Negócios lucrativos e crescentes, administrados como o Senhor deseja — com excelência e retidão — geram oportunidades naturais para compartilhar o evangelho.

Resumo

Este é o primeiro livro de uma série que se concentrará em áreas carentes de reajustes. A série mostrará como empresas

---

[11] OPEN é uma rede com mais de 140 empresas que agregam centenas de empresários e profissionais B4T que trabalham exclusivamente entre hindus, budistas e muçulmanos, em lugares em que há poucas ou nenhuma igreja. A paixão da OPEN é glorificar Deus inspirando, conectando e nutrindo os que fazem B4T — uma pessoa e uma empresa de cada vez. Para saber mais acesse: www.OPENworldwide.net.

[12] *Business for (4) Transfomation* (Empresas que transformam). Plantadas em lugares estratégicos em regiões não alcançadas com o propósito de criar empregos e abençoar a comunidade local em nome de Jesus, de modo geral por meio de transformação e de modo específico pela evangelização, discipulado e plantação de igrejas.

podem ser uma solução para praticamente cada obstáculo que governos e fundamentalistas muçulmanos, budistas e hindus levantam contra o evangelho. Tanto faz se você está em Timbuctu, na África, ou em Tampa, na Flórida (EUA), trabalhar ao lado de outras pessoas cria oportunidades para servir e amar pessoas. Tanto indivíduos quanto governos apreciam boas empresas. Temos de voltar às práticas dos primeiros apóstolos e trabalhar com nossas próprias mãos (VEJA 1 CORÍNTIOS 4:12).

A nossa capacidade de pensar e sonhar é a faculdade que distingue a humanidade do mundo animal. Precisamos abandonar nossas caixas metafóricas e imaginar e sonhar. Sim, estamos sonhando grandes sonhos — os sonhos do Senhor. E, sim, nossas expectativas são tão altas como o Céu. Cremos que isso é de Deus. Os resultados estão começando a aparecer. Relacionar-se, no local de trabalho, com quem ainda não teve contato com o evangelho nos contextualiza de uma maneira que nenhuma outra estratégia missionária consegue. Trabalhar lado a lado com pessoas permite que elas vejam Jesus em nós. E ver é crer.

O apóstolo João nos ensina que palavras são importantes, mas ações são ainda mais (VEJA 1 JOÃO 3:18). Pense em quantas vezes você já ouviu estas frases:

"Falar é fácil."

"Ele diz uma coisa, mas faz outra."

"Ações falam mais que palavras."

Tiago acrescenta: "De que adianta, meus irmãos, alguém dizer que tem fé, se não tem obras?..." (2:14).

Quando falo em rever conceitos, não estou dizendo que devemos acabar com as missões que existem hoje. Estou dizendo que devemos fazer a coisa certa para apressar a chegada do dia em que todo joelho se dobrará e toda língua confessará que Jesus é o Rei dos reis (VEJA FILIPENSES 2:10-11). Contudo, quero deixar claro que foi assim que Deus trabalhou em minha vida e que esta é a mensagem que Ele me deu para compartilhar. Isso não deve ser entendido como uma profecia ou como a única "receita" para alcançar as nações.

Estes livros são um esforço para explicar as preocupações e questionamentos com as práticas missionárias atuais e sugerir soluções comprovadas, adequadas e concentradas em Cristo. Este livro intenciona ser o primeiro passo dessa revolução, mostrando que, neste momento da história, o BAM é o movimento mais importante no plano de Deus para alcançar o mundo. Espero que outros acrescentem suas histórias e experiências. As peças do quebra-cabeças de Deus estão se encaixando. Estamos traçando um quadro da glória autêntica de Jesus Cristo chegando de forma abrangente nos cantos menos alcançados do mundo. A maneira mais eficiente de contatar os que nunca tiveram contato com o evangelho é ter crentes fiéis trabalhando lado a lado com eles, reconhecendo que cada um de nós tem um papel, mesmo — ou *especialmente* — os que estão no mercado empresarial.

Minha oração é que este livro desafie a maneira como você enxerga o mundo e seu trabalho nele. Espero que ele encoraje você em sua caminhada com Jesus e questione seus paradigmas de "o que é *ministério*".

Comecemos os ajustes.

2 Por que fazemos negócios?

A história de Sue

Uma empresa que só dá lucro é uma empresa muito pobre. HENRY FORD

As pessoas não se impressionam com o quanto você sabe, só com o quanto você se importa. THEODORE ROOSEVELT

A luz de vocês deve brilhar para que os outros vejam as coisas boas que vocês fazem e louvem o Pai de vocês, que está no céu. JESUS CRISTO[13]

---

[13]Mateus 5:16 NTLH

Em 1999, abrimos três empresas. Um membro da nossa equipe tinha um mestrado em Tecnologia da Informação (TI) e muita experiência. Outro tinha um mestrado em Inglês como segunda língua. Juntos escrevemos os planos de negócio e fizemos um empréstimo bancário para abrir uma empresa para ensinar inglês e prestar serviços de informática. Quando solicitamos as licenças junto ao governo, disseram-nos que tínhamos que abrir duas empresas, pois a escola de idiomas deveria ser registrada sob o Ministério da Educação, e a empresa de TI precisava obter registro junto ao Ministério de Comércio e Desenvolvimento. Não tínhamos dinheiro para manter duas instalações diferentes. Assim, a fim de ter espaço para abrigar as duas empresas, abrimos um centro empresarial — um lugar para trabalho compartilhado. O centro empresarial nos permitiu alugar espaços para as outras empresas, compartilhando a secretária, o aparelho de fax e o que mais fosse necessário.

Algumas semanas antes da abertura, ainda estávamos à procura de alguém para administrar as três empresas. Depois de diversas entrevistas, contratamos Sue. Ela foi minha primeira funcionária nativa. Na hora de assinar o contrato de trabalho, deixamos claro para Sue e para todos os outros que contratamos depois — quer fossem muçulmanos, hindus, cristãos ou budistas — que administramos nossos negócios de acordo com os princípios bíblicos, e se isso fosse um problema, eles ainda podiam desistir do emprego.

Sue aceitou o emprego e começou imediatamente a administrar as três empresas. Mais ou menos uma semana depois de ela estar trabalhando conosco, contratamos mais oito pessoas para trabalhar sob a liderança dela: quatro muçulmanos, dois budistas e dois cristãos locais. Ainda como parte dos preparativos para abrir a empresa, pedi a Sue que preparasse um plano de *marketing* a fim de promover a escola de idiomas na comunidade.

Poucos dias depois, ela me apresentou um plano muito bem elaborado e encadernado, dizendo: "Sr. Patrick, por favor leia e depois me diga o que o senhor acha que devemos fazer".

Recebi o projeto, olhei para ela e disse: "Sue, permita-me orar sobre isso e depois lhe direi o que faremos". Ela olhou para mim de um modo engraçado, mas como eu era o chefe, ela não disse nada. Então fui conversar com o Senhor sobre o plano e depois compartilhei minhas considerações.

Fiz disso minha rotina. Sempre que Sue ou qualquer outra pessoa pedisse minha opinião, eu dizia: "Permita-me orar sobre isso e depois lhe direi o que devemos fazer". Depois de algumas semanas, os funcionários começaram a se divertir com isso. Sue e outros me passavam questões que careciam de uma decisão e diziam rindo: "Sr. Patrick, tenho algo pelo qual o senhor deve orar". Apesar da provocação, estava ficando claro para eles que a empresa não era minha; era de Deus, e eu queria administrá-la do jeito dele.

Sue era uma administradora muito eficiente; ela fazia tudo com excelência. Eu não poderia ter tido uma funcionária melhor. Nosso escritório abria às 8h30, seis dias por semana. Começamos ensinando quatro idiomas. As aulas geralmente começavam às 9h, e os alunos chegavam em horários variados. Sue abria o escritório, e eu costumava chegar em torno de 8h45, e nesse horário já encontrava Sue e todos os outros trabalhando em suas mesas. Certa manhã, quando Sue já estava trabalhando conosco há mais ou menos um ano, cheguei no meu horário de costume e encontrei todos do lado de fora. Sue não tinha ido trabalhar. Perguntei onde ela estava, mas ninguém sabia. Abri o escritório, deixei todos entrar e fui para a minha mesa. Eu mal tinha sentado quando Sue entrou correndo esbaforida.

Era evidente que ela estava com problemas. Fui ao encontro dela e perguntei:

—O que aconteceu?

Sem olhar para mim ela respondeu como se estivesse tudo bem.

—Nada não.

—Bem, algo aconteceu. Até hoje você nunca se atrasou. O que houve? Furou algum pneu? — Repliquei.

—Não! — ela respondeu, revelando certa ansiedade. — Está tudo bem.

—Ora, Sue, diga logo: por que se atrasou? — Continuei indagando.

Consternada, ela olhou para mim e exclamou:

—Ian está doente! — Ian era seu filho de 8 anos.

—Ó, sinto muito. Posso orar por ele? — Demonstrando minha preocupação.

A essa altura, orar já tinha se tornado parte da cultura do escritório. Não era incomum que eu orasse por problemas pessoais ou relativos ao trabalho, em particular junto à mesa do funcionário, e no grupo com todos.

Sue era budista convicta e tinha dois altares budistas em sua casa, mas ela olhou ansiosa para mim e disse:

—Sim, por favor. — Ali mesmo ao lado da mesa dela orei por ela e seu filho Ian. Depois que terminei de orar, virei para retornar à minha mesa.

Quando comecei a andar, o Senhor pôs um pensamento em minha mente, e eu perguntei a ela:

—Quem está cuidando do Ian? Sua mãe?

—Não, minha mãe viajou. — Sue respondeu.

Voltei para a mesa dela, e continuei indagando:

—Então, seu marido não foi trabalhar e ficou em casa?

—Não, ele está trabalhando num grande projeto que precisa entregar até o fim da semana.

Eu sabia que, na cultura local, as pessoas não deixam qualquer pessoa cuidar dos seus filhos. É realmente muito raro deixar alguém que não é parente tomar conta das crianças.

—Sue, quem está cuidando do Ian? — Continuei.

Lágrimas brotaram em seus olhos.

—Ninguém — ela disse.

Voltei-me totalmente para ela e disse, com menos sensibilidade do que pretendia.

—Você está me dizendo que Ian está doente e está sozinho em casa?

—Sim — ela deixou escapar.

—Muito bem, Sue, você precisa ir para casa e cuidar dele. — Repliquei.

—Não posso. — Ela respondeu rapidamente.

—Pode sim! — Insisti.

—Não posso. — Ela disse firmemente.

Novamente afirmei:

—Sue, estou lhe dando permissão. Vá para casa e cuide do Ian.

Com atitude firme, ela me contestou:

—O senhor não compreende.

—Acho que não compreendo mesmo. Por que você não pode ir para casa? — Respondi calmamente tentando demonstrar empatia.

Ela olhou para mim e afirmou:

—Não posso ir para casa porque o senhor me encarregou de todas as suas empresas. Todos olham para mim. Como administradora, estou abaixo apenas do senhor. Já usei minhas férias e todos os dias de folga a que tinha direito este ano. Se eu quebrar as regras, todos acharão que também poderão quebrar as regras. — Então, firmemente, arrematou: —Não posso ir para casa.

Isso manifestou o quanto ela é honesta e correta. Mesmo assim, insisti:

—Sue, entendo isso, mas não há problema. Eu autorizo, você pode ir para casa.

Enfatizando sua postura com o maneio da cabeça, ela explodiu:

—Não! O senhor não entende como as coisas funcionam neste país! Eu não posso ir para casa!

Olhei-a firmemente nos olhos e disse:

—Sue, se você não for para casa agora, você está despedida.

Toda a atitude dela mudou. Chocada ela olhou para mim e disse:

—O senhor não faria isso.

Sorri com carinho e a fiz lembrar:

—Você sabe que sempre cumpro minha palavra.

Ela relaxou, esboçou um sorriso tenso, pegou sua bolsa e saiu correndo pela porta.

A verdade era que Ian estava muito doente. A febre já tinha passado dos 40 graus. Ela o levou a uma clínica e ele ficou internado por nove dias. Durante esse tempo, minha esposa e eu visitamos Ian quase todos os dias. Várias vezes lhe levamos pequenos presentes ou guloseimas, algo para encorajá-lo. E sempre orávamos por ele.

Um ano mais tarde, em certa tarde, pedi a Sue para fazer algo por mim. Ela me olhou de maneira estranha, mas não disse uma palavra. Mais ou menos uma hora mais tarde, ela entrou em meu escritório com Don, um dos nossos cooperadores estrangeiros. Don me perguntou:

—Você pediu a Sue para fazer isso?

—Sim — respondi.

—Bem, você sabia que isso é ilegal neste país? — Ele continuou.

Surpreso, repliquei:

—Não sabia. Nos Estados Unidos não é ilegal.

—Mas aqui é — ele reforçou, chateado por eu ter pensado em burlar a lei.

Eu me voltei para Sue e perguntei:

—Sue, é isso mesmo? Isso é ilegal?

—Sim — ela disse bem baixinho, como se ela tivesse feito algo errado.

Também diminuí a voz e continuei:

—Sue, você sabe que não fazemos nada que seja ilegal. Por que você considerou a possibilidade de fazer o que pedi?

Olhando para o chão, ela e disse:

—É que o senhor é o chefe. Nós fazemos o que o senhor nos manda fazer.

—Mas, Sue — eu a interrompi, — nós não fazemos coisas ilegais aqui.

Consternada com minha interrupção, ela continuou:

—Eu sei, por isso perguntei ao Don o que eu deveria fazer.

—Você agiu certo em perguntar ao Don — eu lhe assegurei.

Até esse ponto, eu estivera sentado. Então me levantei, voltei-me para Sue e disse:

—Sue, eu sei que você não entende isso, mas meu Livro ensina que, se eu peço a alguém fazer algo ilegal, isso é um pecado. Eu pequei contra você e lhe peço que me perdoe por lhe pedir para quebrar a lei. Você me perdoa?

Ela se virou e saiu do meu escritório.

Eu a chamei de volta, e ela andou dois passos em minha direção.

—Sue — repeti — preciso saber que você me perdoa por ter lhe pedido para fazer isso. Você me perdoa?

De novo, sem dizer palavra, ela se virou e saiu da sala.

Chamei-a de volta mais uma vez. Ela parou na porta, olhou para mim de relance e desviou o olhar.

—Sue, isso é importante para mim — eu afirmei o mais humilde que consegui. —Preciso saber que você me perdoa pelo que eu fiz.

Sem olhar para mim, ela fez um gesto com a mão e disse rapidamente:

—Eu o perdoo — e saiu dali rapidamente e foi para outra sala. Don e eu nos entreolhamos e eu achei que estava bom assim. Ela tinha me perdoado.

Por que Sue se comportou dessa forma? Alguém que é da Ásia logo entenderia que ela estava tentando livrar a cara. Não a dela, mas a minha. Na Ásia, um chefe jamais se humilha perante um empregado. Na verdade, raramente um chefe admite ter cometido um erro. Sue estava tentando me proteger e me honrar.

Com o passar dos anos Sue ficou observando minha vida e a dos outros membros da equipe, como Don, que se devotavam a honrar Jesus. Ela não tinha opção a não ser acompanhar nossas tentativas de trabalhar no escritório todos os dias com Jesus. Sim, cometíamos erros, mas quando isso acontecia, assumíamos. E quando ofendíamos alguém, rapidamente pedíamos perdão.

Além disso, Sue sabia que levávamos um estilo de vida simples. Ela, junto com os outros funcionários, nos acompanhava quando fazíamos doações e prestávamos serviços em projetos na comunidade. Ela aprendeu por que eu tinha um carro simples, na verdade uma van. Uma vez ficou irritada comigo por causa dessa van, pois estivera em um seminário de treinamento para administradores e eles tinham falado dos carros que seus chefes usavam. Muitos tinham Mercedes ou BMW. Quando perguntaram a Sue que tipo de carro o chefe dela usava, ela ficou constrangida de dizer: "Meu chefe tem uma van".

Ela me repreendeu, querendo que eu conseguisse um carro melhor. Eu disse a Sue:

—Que tipo de carro você acha que Jesus teria? Ele não tinha nem mesmo um jumento. Mas se ele tivesse um carro, eu acho que seria um ônibus, talvez um grande ônibus amarelo, porque sempre tinha muita gente viajando com ele. Talvez eu deva comprar um ônibus, então — brinquei com ela.

Ela entrou em pânico:

—Não, pode ficar com a van.

Sue também viu como éramos desprendidos, deixando outras pessoas pegarem nossas coisas emprestadas, inclusive a van. Além dos oito funcionários nativos tínhamos três estrangeiros, todos cristãos convictos que trabalhavam conosco. Sue via como todos os cristãos ajudavam a limpar os banheiros e recolher o lixo, tarefas que só o zelador faria. Ver a maneira diferente de vivermos e trabalharmos, a prioridade de amar primeiro e ganhar dinheiro depois, despertou sua curiosidade. Ela começou a entender que, para nós, as pessoas eram mais importantes que o dinheiro. Servir, não mandar, era a maneira de Jesus administrar um negócio.

Avancemos mais alguns meses. Sempre no fim do mês, Sue e eu descíamos até um restaurante japonês que ficava no térreo para almoçar. Os donos do restaurante nos conheciam bem e sempre nos davam uma mesa no canto onde pudéssemos ter um almoço de negócios. Aproveitávamos para rever o rendimento de todos os funcionários. Víamos quem precisava de aumento, quem precisava de mais treinamento, quem precisava ser demitido. Nessa época já contávamos com 16 funcionários de tempo integral e 22 de meio período.

Certa vez, repassando os funcionários um por um, chegamos em Ramah, auxiliar administrativo, um muçulmano devoto. Sue disse:

—Penso que devemos despedir Ramah.

Eu perguntei por que, e ela explicou que tínhamos lhe proporcionado diversas oportunidades de treinamento, e ele continuava com baixo desempenho no trabalho. Entendi que ele precisava de mais orientação e mais tempo. Ramah tinha um bom coração e boa atitude. Sue assentiu, mas não deixou de lembrar que ele ainda não conseguia fazer seu trabalho com excelência. Então eu disse:

—Sue, creio que precisamos ser graciosos com Ramah.

Ela me olhou nos olhos e disse com um tom de desprezo:

—Vocês cristãos com sua graça.

—Você sabe o que é graça? — Perguntei-lhe.

—Claro que sei. Você já me explicou isso várias vezes. — Ela respondeu.

—Está bem — eu disse, — permita-me recordar-lhe mais uma vez o que é graça. — E ao menos pela terceira vez, eu compartilhei sobre a graça de Jesus e como, por causa da disposição dele em estender a nós Sua graça, temos um relacionamento permanente com Deus. Depois que terminei, Sue olhou para mim e perguntou:

—Podemos voltar ao trabalho agora?

Com isso, retomamos o trabalho de rever todos os funcionários. Depois de terminar a lista, voltamos ao escritório, cada um para sua mesa.

No fim de cada mês, depois de avaliarmos toda nossa equipe, eu preencho todos os cheques de salário. Logo depois daquela conversa com Sue, comecei a preencher os cheques de salário e alguns de bônus. Cheguei ao nome dela. Detive-me, e o Senhor pôs uma ideia em minha mente. É muito comum eu conceder aos nossos funcionários algum bônus, geralmente o equivalente a entre 5 e 10 dólares. No entanto, se alguém faz algo excepcional, dou o equivalente a 100 dólares, e muito raramente 200. Naquele dia, quando cheguei ao nome da Sue, o Senhor pôs no meu coração dar-lhe um bônus. Comecei pensando em 10 dólares, mas Ele disse muito claramente: "Mais". Aumentei para 50 dólares. "Não, mais." Então questionei: "Tudo bem, Senhor. Cem dólares?". "Não, mais." Perguntei novamente: "Duzentos, Senhor?". Silêncio. Logo entendi que Ele concordara com esse valor, e preenchi um cheque de 200 dólares para Sue.

Depois que preencho todos os cheques, nossa rotina é que Sue pegue todos os envelopes de pagamento e os distribua aos funcionários. Dessa vez, depois de terminar, como era de se esperar, ela voltou e sentou-se à sua mesa. A sala dela ficava de frente para minha, do outro lado do corredor, de modo que eu podia ver a cadeira dela se deixasse minha porta aberta. A porta estava aberta, e pude vê-la sentar e abrir seu envelope. Ela tirou o cheque do salário e então viu que havia um segundo cheque. Ela o tirou do envelope, viu o valor, sorriu e rapidamente levantou-se para vir à minha sala. Eu imediatamente virei minha cadeira para olhar para a parede.

Sue entrou na minha sala e perguntou:

— Sr. Patrick, obrigada pelo bônus. O que eu fiz para merecer isso? — Os funcionários sempre fazem essa pergunta, porque querem fazê-lo de novo.

Eu continuei olhando para a parede e disse mansamente:

—Nada.

—Sr. Patrick, o que eu fiz para merecer esse bônus? — Repetiu ela.

Continuei olhando para a parede e disse mais alto:

—Nada.

Como costumamos fazer brincadeiras no escritório, Sue insistiu:

—Falando sério, o que eu fiz?

Então me voltei e olhei para ela:

—Sue, você lembra da nossa conversa sobre a graça, agora há pouco?

Ela sorriu e disse:

—Sim, lembro-me.

—Muito bem — eu continuei, — você realmente não fez nada para merecer esse bônus. Essa é a graça de Deus para você.

Ela ficou como que paralisada, e eu podia ver que estava remoendo isso em seu íntimo. Então, depois de um momento constrangedor, ela se virou e saiu rapidamente do meu escritório. Isso foi numa sexta-feira à tarde.

Na segunda-feira pela manhã, logo depois que cheguei à minha mesa, Sue entrou em minha sala e sentou-se à minha frente. Embora ela entrasse com frequência em minha sala, raramente sentava, a não ser que eu a convidasse, então entendi que algo a incomodava.

Depois de uma longa pausa, ela me disse:

—Sr. Patrick, o senhor pode me dar uma cópia do seu Livro? Eu gostaria de lê-lo.

Assim Sue começou a ler a Bíblia. Depois de algumas semanas, ela começou a ler junto com uma das mulheres que fazia parte da nossa equipe. Por fim, depois de ler com esta colega durante quase um ano, Sue confessou Cristo como seu Salvador. Mais ou menos um ano depois disso, tivemos a honra de ver Ian e sua irmã, Sue e seu marido, todos serem batizados.

Isso é tudo sobre B4T. Nós gostamos de administrar empresas. Nós gostamos de ser pagos por nossos serviços. Nós ficamos contentes quando geramos empregos que proporcionam oportunidades melhores a fim de que as pessoas prosperem e tenham uma vida melhor. Mas Sue e sua família virem a conhecer Jesus, *essa é a razão de termos empresas*, essa é a razão pela qual fazemos tudo o que fazemos — para glorificar a Deus.

3

Reconsiderando a forma de nos relacionarmos com outras pessoas

Se o povo de Deus está liberado para o ministério no local de trabalho, a adoração precisa ser vista como algo que engloba toda a vida e não apenas o domingo pela manhã.

MARTINHO LUTERO

Quando vocês produzem muitos frutos, trazem grande glória a meu Pai e demonstram que são meus discípulos de verdade. JESUS CRISTO[14]

Nos primórdios da criação, antes da Queda, o mundo era tanto um lugar espiritual quanto um lugar físico. Deus podia ser visto claramente em todas as coisas. No

---

[14] João 15:8 NVT

começo, o Espírito de Deus em nós era a força dominante no mundo. Quando pecamos, nossas faculdades humanas de razão e emoção se tornaram o fator dominante. O pecado destronou o Espírito, e nossa mente e emoções passaram a reinar. Jesus pôs Seu Espírito de volta no trono e deu à luz a Igreja — Sua Noiva. No entanto, embora concordemos que Seu Espírito esteja no trono, muito do que fazemos na igreja e nas organizações paraeclesiásticas está baseado em conhecimento ou no intelecto. A graça ativa de Deus em nossa vida restaura o Espírito ao Seu lugar de liderança e governo em nós, como era Seu propósito.

Pense na palavra "teologia". A maior parte do que fazemos na igreja gira em torno de teologia. Pelo menos uma vez por semana, líderes cristãos perguntam uns aos outros: "Qual é o seu ponto de vista teológico sobre _____?". E a pergunta parece ser feita com toda seriedade, como se a resposta do outro fosse aprofundar a conversa ou então pôr um fim a ela.

Um sentido comum dado à palavra "teologia" é "o estudo de Deus". Você alguma vez já parou para perguntar a Deus o que Ele pensa de todo esse estudo que fazemos dele? Parece que não entendemos que não fomos criados meramente para *estudar* Deus. Não creio que seja intenção do Senhor que dissequemos o traço de cada letra de cada palavra em cada sentença que ele nos escreveu. O que Ele deseja é que o conheçamos, o amemos e o sirvamos. Devemos estar em um relacionamento com Deus (VEJA MATEUS 23:37).

Salomão, o homem mais sábio que já viveu, escreveu: "Não há limites para a produção de livros", *por isso não acredite em tudo o que você lê,* "e estudar demais deixa exausto o corpo" (ECLESIASTES 12:12). E para continuar tirando a ênfase ao conhecimento racional — na mente — na sequência ele ressalta: "De tudo o que foi dito, a conclusão é esta: tema a Deus e obedeça aos seus mandamentos, porque foi para isso que fomos criados" (ECLESIASTES 12:13 NTLH), ou seja: adore o Senhor com extasiada reverência, sabendo que Ele é o Deus Todo-poderoso. Paulo, que teve uma formação excepcional (VEJA ATOS 22:3; 26:24), acrescenta: "...todos temos conhecimento. O conhecimento traz orgulho, mas o amor edifica. Quem pensa conhecer alguma coisa, ainda não conhece como deveria. Mas quem ama a Deus, este é conhecido por Deus" (1 CORÍNTIOS 8:1-3). Conhecimento — estar informado sobre alguém — não necessariamente estabelece um relacionamento. Posso estudar tudo o que eu puder sobre Donald Trump, mas isso não quer dizer que "conheço" o homem. "Mas quem ama a Deus, este é conhecido por Deus." O amor, amar alguém, exige relacionamento.

À medida que eu crescia em meu relacionamento com Jesus, foi ficando mais claro por que Paulo nos diz que devemos "pôr em ação a [nossa] salvação [...] com temor e tremor" (FILIPENSES 2:12). Sejamos honestos em nossa maneira de pensar; é muito mais fácil andar por vista do que andar pela fé. Só que o nosso chamado não é para andar pelo que vemos. Pois quando andamos por vista podemos fazê-lo com nossa própria força e habilidade. Na verdade, estamos dizendo: "Santo Espírito, pode deixar; eu sei o que estou fazendo, logo Sua ajuda não é necessária". Porém se não andarmos pela fé, não poderemos agradar a Deus, nem teremos a certeza de receber dele a recompensa (VEJA HEBREUS 11:6,25).

A tarefa diária da qual Ele nos incumbiu é de nos esmerarmos fielmente para *andar* obedientemente *no Espírito* (VEJA GÁLATAS 5:16). Fomos criados para buscar, contemplar, amar e experimentar a predominância do Espírito de Jesus em tudo o que somos. Precisamos confrontar nossa vida e planejar cada dia esperando a capacitação de Deus a fim de nos libertarmos e vivermos no nível sobrenatural sem nossos esforços próprios. Se entendermos direito, isso prevalecerá sobre estratégias, planejamento e até sobre a teologia. Pois significa:

- ✓ Tomar a cruz, suportando o que quer que isso implique (VEJA MATEUS 16:24);
- ✓ Ser lavado totalmente no sangue de Jesus; desfrutando da liberdade e purificação pelo Seu sacrifício para nos perdoar (VEJA ROMANOS 4:7);
- ✓ Experimentar a entrega total, levando todo pensamento cativo a Cristo (VEJA 2CORÍNTIOS 10:5);
- ✓ Procurar viver e respirar a plenitude da unção e do poder do Espírito Santo, para que nosso coração possa transbordar de Jesus! (VEJA JOÃO 15:11).

Descobrir e aprender os caminhos do Senhor é um mistério (VEJA EFÉSIOS 5:32). Entretanto, procurar conhecer a Ele e Sua retidão é a maneira de Deus desvendar o mistério (VEJA COLOSSENSES 1:26-27). "Quando eu era menino, falava como menino, pensava como menino e raciocinava como menino. Quando me tornei homem, deixei para trás as coisas de menino" (1 CORÍNTIOS 13:11). Aceitamos as Escrituras com a fé de uma criança? (VEJA MATEUS 18:2-3). Ou será que complicamos demais as coisas? Com o passar dos anos, com meus estudos, pesquisas e experiências, fui entendendo que Deus não quer que a fé seja complicada. Definitivamente, devemos aceitar obedientemente as Escrituras inerrantes e infalíveis como sendo a Palavra de Deus.

Compreendo plenamente que minha perspectiva é a de quem vê "apenas um reflexo obscuro, como em espelho" (1 CORÍNTIOS 13:12). Mas quando observo o relacionamento que os líderes religiosos tinham com Deus no tempo de Jesus, arrisco-me a fazer esta pergunta: Para Deus, o quanto somos semelhantes a esses fariseus — nós, líderes cristãos — atualmente? Também me pergunto: Será que a igreja e as organizações paraeclesiásticas se tornaram guias cegos? Estamos atrapalhando a obra de Deus ao propagá-la? Estamos nos justificando ao questionar isso?

Nos anos 1890 o reverendo Charles Sheldon pregou, para sua igreja em Topeka, no Kansas, uma série de sermões sob o tema: "O que Jesus faria?". O ponto central de cada sermão eram as diversas pessoas que trabalhavam na cidade; assim exemplificando a vida cotidiana e o emprego delas, ele aplicava a pergunta: "O que Jesus faria?". Nos sermões e no livro publicado posteriormente (1896) e que bateu recordes de vendas *Em seus passos o que faria Jesus?*[15], Sheldon nos desafia a, durante um ano inteiro, não fazer qualquer coisa sem perguntar primeiro: "O que Jesus faria?". Cem anos depois, essa ideia ainda deu origem a um movimento com a sigla WWJD em inglês (*What Would Jesus Do?*).

Em seu livro, Sheldon observa a vida e o trabalho de diversas pessoas da cidade, como a de um professor, um

---

[15] *Em seus passos o que faria Jesus?*, Charles M. Sheldon (Ed. Mundo Cristão, 2007).

editor de jornal e um empresário. Dentre estes, ele indica seis possíveis respostas à pergunta: "O que Jesus faria se fosse um empresário?".

1. Em primeiro lugar, [Jesus] entraria para o negócio com o propósito de glorificar a Deus, e não com o objetivo primário de ganhar dinheiro.
2. [Ele] não consideraria seu o dinheiro gerado pelo negócio, mas o veria como um fundo a ser usado para o benefício das pessoas.
3. Seu relacionamento com todas as pessoas por Ele empregadas seria pautado no amor e na ajuda. Ele sempre pensaria em todos os funcionários como almas a serem salvas. Esse pensamento sempre seria mais importante do que ganhar dinheiro com o negócio.
4. [Ele] nunca faria nem uma só coisa sequer que fosse desonesta ou questionável, nem mesmo tentaria, sob circunstância alguma, tirar vantagem de outros do mesmo ramo.
5. O princípio do altruísmo e do serviço dirigiria todos os detalhes no negócio.
6. Baseado nesse princípio, Ele configuraria todo o planejamento das Suas relações com empregados, com clientes e em geral com o mundo dos negócios com o qual estava acostumado.

Cada um desses pontos é importante. Eles têm sido centrais na maneira como administro minhas empresas.

Deus nos possibilita ter empresas para gerar recursos para as pessoas que trabalham nelas (salário para habitação, comida e cuidado com a família) e para a comunidade (impostos, doações etc.). Embora haja muitos outros motivos piedosos aos quais os negócios servem, Sheldon coloca o glorificar a Deus em primeiro lugar. Lucratividade — gerar lucro em nossos negócios — deve ser um objetivo primordial em nossas tomadas de decisões que honram a Deus. Por quê? Porque sem lucro empresarial a organização econômica não se sustenta. A definição de empresa, conforme o *Dicionário Houaiss* (2009) é: "Organização econômica, civil ou comercial, constituída para explorar um ramo de negócio e oferecer ao mercado bens e/ou serviços". Essas atividades precisam gerar lucro. Portanto, se lucrar é o propósito de um negócio e se Jesus está nesse empreendimento, Ele ganhará dinheiro melhor que qualquer um.

Cristo é a pedra fundamental do nosso trabalho e do nosso negócio. O lucro é a infraestrutura que faz o negócio ser bem-sucedido ou fracassar. Sem lucro, nossa atividade não é empresarial, mas sim uma atividade assistencial, um clube, uma associação, uma organização não governamental. "Tudo o que fizerem, façam de todo o coração, como para o Senhor, e não para os homens" (COLOSSENSES 3:23), os patrões. Meu trabalho deve ser feito primeiramente para a glória de Jesus. Se for uma empresa, meu trabalho deve honrar ao Senhor cumprindo o propósito dela, que é gerar lucro para abençoar vidas. Se eu digo às pessoas: "Sou um empresário", mas não gero lucros, então não estou sendo um bom empresário, o que significa que estou desonrando a Deus. Tudo o que fazemos deve ser para a glória de Deus.

Deus nos diz que nos criou para sermos frutíferos e nos multiplicarmos (GÊNESIS 1:27-28). Jesus repete esse mandamento, em João 15, quando diz que fomos chamados para dar fruto. Produzir fruto engloba todas as áreas da nossa vida, incluindo o local de trabalho. Empresas existem para serem lucrativas; por isso, uma empresa que dá prejuízo é infrutífera. Veja: Sheldon indica nas diretrizes citadas anteriormente que o dinheiro que Jesus ganharia não seria para encher os próprios bolsos, construir uma mansão ou comprar um monte de brinquedos para si. O dinheiro que ganhamos, assim como tudo o que possuímos, deve ser submetido a Jesus. Deve ser investido nos propósitos de Deus, não nos nossos. Nosso objetivo, ao fazer negócios, é glorificar a Deus e ganhar dinheiro a fim de nos auxiliar a manifestar a pessoa de Deus e Seu poder transformador à vida de todas as pessoas que têm contato com o nosso negócio. Jesus nos diz: "Usem a riqueza deste mundo ímpio para ganhar amigos, de forma que, quando ela acabar, estes os recebam nas moradas eternas" (LUCAS 16:9).

Florescer requer aporte de recursos

Alguns que estão lendo este livro talvez não tenham ideia do impacto que uma empresa pode causar, então quero comparar a administração de um negócio com a liderança de uma igreja ou ONG[16]. Empresas e ONGs prestam serviços necessários à sua comunidade, e ambas precisam ter um afluxo de recursos para sobreviver. ONGs, por definição, são organizações "sem fins lucrativos". O que distingue os dois tipos de organização é a fonte das receitas e o pagamento aos investidores. ONGs são

---

[16]Sigla para Organização Não Governamental. São todas as organizações, sem fins lucrativos, criadas por pessoas que trabalham voluntariamente em defesa de uma causa.

financiadas, pelo menos em parte, por doações, enquanto as empresas têm suas receitas unicamente do que recebem pelos serviços e produtos que oferecem. O objetivo de uma ONG pode variar entre cuidar de doentes (por meio de uma clínica ou um hospital), alimentar famintos, proporcionar abrigo, educar crianças, e pregar o evangelho e discipular crentes por meio de uma igreja. Todos esses alvos e objetivos são dignos, bíblicos e honram a Deus. Mas entenda: assim como igrejas e ONGs têm o propósito de abençoar pessoas atendendo a necessidades específicas, as empresas abençoam seus investidores, mas também outras pessoas, cumprindo propósitos definidos. O objetivo de uma empresa é ganhar dinheiro, e esse dinheiro faz parte da bênção que uma empresa proporciona a indivíduos e comunidades. Além disso, sem empresas não há empregos, e sem a remuneração do trabalho pessoas passam fome, perdem a casa, não podem comprar remédios nem enviar os filhos à escola.

Empresas também fornecem produtos e serviços que pessoas e comunidades almejam. Atender às necessidades e anseios de pessoas e comunidades é uma bênção adicional para quem trabalha em uma empresa. Empresas cristãs, junto com igrejas e ONGs, estão cumprindo os propósitos de Deus — todos estão servindo à comunidade e atendendo a necessidades e anseios individuais — em nome de Jesus. Além dessas duas bênçãos, o mercado fornece um excelente ambiente para exemplificar e compartilhar o evangelho. Devemos interagir com Deus e falar dele em nosso local de trabalho assim como fazemos na igreja e em casa. O local de trabalho pode ser um lugar de adoração onde expressamos a compaixão de Cristo em palavra e ação.

Igrejas, ONGs e empresas devem ter o propósito de glorificar a Deus e atrair pessoas a Ele. Assim como as partes diferentes de um corpo, bendizemos a Deus de maneiras diferentes. Infelizmente, empresas e, por vezes, até igrejas e ONGs têm sido usadas com propósitos pessoais egoístas. O mau uso dos negócios em proveito próprio pode ser mais evidente do que o uso indevido de igrejas ou outras organizações, mas qualquer organização pode se tornar corrupta. Mesmo diante desse fato, não podemos ignorar que os negócios e o dinheiro que elas geram dão vida à comunidade, por isso devem figurar com destaque no plano de Jesus em servir à humanidade.

Antes de o pecado entrar no mundo, Deus criou o ser humano com estes propósitos: ser frutífero, multiplicar-se e trabalhar (VEJA GÊNESIS 1:27-28; 2:15). Os lucros são o fruto de um negócio bem administrado. A lucratividade de uma empresa é uma das muitas maneiras como um negócio pode trazer glória a Jesus. É obrigação do proprietário fazer com que a empresa seja administrada de maneira que o glorifique. Nas vezes em que perdemos dinheiro devido a decisões ruins ou falta de sabedoria, pedi perdão a Deus por desonrar o Seu nome. Lucratividade, ou, como diz Sheldon, "ganhar dinheiro", é o propósito de uma empresa. Se uma empresa não está ganhando dinheiro, ela é uma ONG, não uma empresa.

Compartilhando as boas-novas

Quando compartilhamos as boas-novas com muçulmanos, é bom ter em mãos ferramentas como "As quatro leis espirituais", "A ilustração da ponte", "O método camelo", "DMM"

(Movimentos de Fazer Discípulos) e "T4T" (Treinamento para Treinadores). É útil ter essas e outras ferramentas para nos auxiliar a alcançar pessoas para Jesus. Entretanto, Jesus não usou ferramentas ao proclamar o Reino de Deus, mas poderia ter usado. Ele poderia ter ensinado aos Seus discípulos, por exemplo, "Cinco passos para ter paz com Deus". Poderia, mas não o fez. Tudo o que Ele fazia era proveniente de relacionamentos. Portanto, ferramentas são úteis e boas, mas não podemos depender delas para falar de Jesus às pessoas; temos de depender do Seu amor. A estratégia primordial de Jesus ao transmitir Sua mensagem foi e ainda é o amor (VEJA JOÃO 13:35).

O ministério deve fluir do nosso modo de vida natural. Jesus com frequência fez o que fez e disse o que disse para cumprir profecias específicas do Antigo Testamento. No entanto, nunca parecia estar com pressa.

Hoje em dia, a evangelização muitas vezes é um evento planejado. Todavia, a maioria das oportunidades de testemunhar de Jesus ocorrerá a partir de interações naturais, normais, diárias com outras pessoas. Considere a vida cotidiana de Jesus. Observe Marcos 1, a partir do versículo 14, momento em que Jesus chama os discípulos e começa o que chamamos de Seu "ministério público", até Marcos 15:1-15, onde Ele é levado à presença de Pilatos. Na Nova Versão Internacional (NVI), há 64 subtítulos; em pelo menos 50 dessas passagens, Jesus está ensinando e curando — ministrando a outros. Jesus sabia com antecedência o que realizaria, mas orquestrava esses momentos de ministério de modo a ocorrerem naturalmente no curso da vida diária. Em outras palavras: aos discípulos e às outras pessoas, tais acontecimentos não pareciam ser planejados.

Andando pelos caminhos, ou em casa, ou na sinagoga, as pessoas iam espontaneamente a Jesus para fazer perguntas ou serem curadas. Se você estudar as oportunidades "ministeriais" de Jesus, descobrirá que aproximadamente 80% do Seu ministério, ou mais de dois terços da Sua interação com pessoas, acontecia no fluxo natural da sua vida. Não foram organizadas cruzadas evangelísticas. Não houve visitas de porta em porta. Com certeza, não houve períodos em que Ele se demorava em uma cafeteria, orando por uma oportunidade para compartilhar o evangelho. Embora o "ministério" seja geralmente algo que planejamos, com mais frequência o verdadeiro "ministério" acontece nas idas e vindas de nossa vida diária, o que inclui o tempo em que estamos trabalhando. Ministério é um subproduto do nosso relacionamento com Deus. O ministério dos discípulos e de Jesus não era fruto de um plano, de uma estratégia. Ele ocorria no curso natural da vida diária deles. Isso levanta a seguinte questão: Estamos equipando os membros de nossas igrejas a ministrar por meio das atividades corriqueiras do cotidiano deles? Se a resposta é não, precisamos fazer ajustes.

Jesus priorizava pessoas. Muitos clamavam por Sua atenção. Praticamente todos os capítulos dos evangelhos falam de multidões em torno dele. Porém, mesmo em meio a uma multidão, é impressionante como Jesus enxergava indivíduos.

Ele viu o homem com a mão atrofiada (VEJA MATEUS 12:9-14).

Ele percebeu a mulher que tocou em Sua veste (VEJA LUCAS 8:43-48).

Ele enxergou o "chefe dos publicanos" em cima da árvore (VEJA LUCAS 19:5-9).

Entre um grande número de pessoas com deficiência em torno do tanque de Betesda, Jesus cura um paralítico que estava ali há 38 anos (VEJA JOÃO 5:1-17).

Ele viu os discípulos impedindo as crianças de se aproximarem, mas Jesus as chamou para si (VEJA MATEUS 19:13-15).

Os discípulos sugeriam a Jesus que mandasse a mulher cananeia embora, mas Ele abençoou e curou a filha dela (VEJA MATEUS 15:22-28).

Os discípulos dizem para Jesus *mandar as pessoas embora*, mas Jesus ordena que eles as alimentem (VEJA MARCOS 6:35-43).

Há muitos outros exemplos de como Jesus percebeu indivíduos ao longo dos evangelhos. Separe um tempo para você estudá-los.

A maneira de Jesus lidar com as pessoas oferece uma alternativa ao modo, predominante em nossa cultura cristã, de nos relacionarmos com outros. Em nossa vida, há muito do *passar pelo outro lado* (VEJA LUCAS 10:31-32) que integra a vida relacional normal hoje. Simplesmente não enxergamos uns aos outros, seja porque estamos andando muito rápido, ou porque estamos concentrados em nossos próprios planos. Jesus não quer nossas desculpas, nem mesmo nossos sacrifícios. Ele deseja simplesmente misericórdia, amor, oração e obediência.

Os evangelhos mostram Jesus como alguém envolvido intimamente na vida das pessoas. Ele as encontrava. Fossem as multidões que o apertavam, os inimigos que o criticavam e que acabaram o matando, ou os amigos e seguidores que não o deixavam, Jesus estava imerso em uma rede de relacionamentos. Ele estava *com* pessoas.

Quando estamos conversando tomando um cafezinho com um conhecido, discutindo planos com colegas em volta de uma mesa de reuniões, ou sentados à mesa da cozinha com nossos filhos adolescentes, estamos prestando atenção nos outros da forma que reflete a maneira de Jesus? Como percebemos as pessoas com quem convivemos? "O que Jesus faria?"

Para conhecer pessoas é preciso tempo. Quando fui para a Ásia como missionário, nosso mentor, Greg Livingstone, nos disse: "A melhor maneira de alcançar muçulmanos é passar horas com eles". Em outras palavras, passe tempo com as pessoas e construa relacionamentos. Estar no mercado é tão estratégico porque todos os negócios envolvem pessoas.

Pensando sobre quais seriam as melhores formas de passar horas consideráveis com pessoas, ocorreram-me estas boas ideias:

- ✓ Entrar no exército. Você está dia e noite com outros soldados. Isso, porém, não seria fácil, pois exércitos muçulmanos dificilmente recrutam cristãos dedicados ou americanos.
- ✓ Seguir os passos de Paulo e ir para a prisão a fim de ali testemunhar a outros presos. Um grande amigo meu, Moisés, serviu no Paquistão por mais de 14 anos. Durante esse tempo, certa vez ele foi preso sob falsas acusações e passou 39 dias na cadeia. Ele me disse que foi o período de testemunho mais frutífero em todo o tempo em que trabalhou entre paquistaneses. Lembrei de alguns missionários morávios que se venderam como escravos para alcançar outros que estavam escravizados. Talvez devamos considerar mais de perto a ideia de ir para a prisão a fim de estar com pessoas.

✓ Arranjar um emprego e trabalhar ao lado de pessoas. Passar oito ou mais horas por dia trabalhando com outras pessoas é bastante tempo. À medida que os colegas nos conhecerem e irradiarmos nossa luz, eles verão a luz. As pessoas precisam experimentar o amor de Jesus por nosso intermédio, assim como muita gente experimentou o Seu amor enquanto Ele andava fisicamente por esta Terra.

A vida de Jesus tocava a vida de outras pessoas. Sua cabeça, mão e coração estavam disponíveis para aqueles com quem Ele convivia. Jesus dividia a caminhada com eles, como amigo. Ele não estava distante. Vivia na história deles e os convidava para viver na Sua. Se passar horas juntos é a chave para estabelecer relacionamentos, e se trabalhar ao lado de alguém é uma ótima forma de ter tempo com a pessoa, o que será que Deus pensa sobre trabalho e testemunho?

Pense: O que precisa ser ajustado na maneira como compartilhamos as boas-novas?

Trabalho e adoração

No Novo Testamento, o ministério não era um evento que você planejava. E Jesus nunca nos chamou para realizar o ministério dedicando apenas algumas horas do nosso dia ou semana para atividades espirituais. Ele nos chamou para estar com Ele todo o tempo, permitindo que o ministério flua naturalmente do nosso relacionamento com Ele. Os apóstolos não treinaram ninguém para o ministério. Eles discipulavam e equipavam as pessoas. Na Bíblia, ministério não é um projeto. Ministério — antes de qualquer coisa — é relacionamento com Jesus. Tudo o que fazemos — pensamentos e ações — deve refletir Deus ministrando a nós e por nosso intermédio. O ministério deve fluir naturalmente em nossa vida.

As palavras hebraicas *avodah* e *sharath* e as palavras gregas *diakonia*, *latreia* e *leitourgia*, todas traduzidas por "ministério" em nossas versões bíblicas, significam muito mais do que isso. Ministério não é algo que primeiro planejamos e depois implementamos. Ministério nasce do nosso relacionamento com Jesus e impacta tudo o que fazemos. No próximo capítulo veremos que não há separação na concepção que Deus tem de trabalho, serviço e adoração.

O Espírito Santo relembrou à igreja em Colossos: "Tudo o que fizerem, seja em palavra ou em ação, façam-no em nome do Senhor Jesus, dando por meio dele graças a Deus Pai" (COLOSSENSES 3:17). A adoração deve estar integrada a cada área de nossa vida e especificamente no nosso trabalho. O pastor da igreja de que faço parte costuma dizer: "Qualquer coisa que você estiver fazendo — qualquer coisa, no trabalho, em casa ou no lazer — que não possa ser feita como adoração, não faça".

Os cristãos, com frequência, pensam em "adoração" quase que exclusivamente como oração, cânticos e sermões em reuniões da igreja. Quando falamos de igrejas, costumamos discutir os tipos de adoração. Nosso vocabulário religioso está desconexo do trabalho que fazemos no restante da semana.

Quando perguntaram a Jesus: "Mestre, qual é o maior mandamento...?", Ele respondeu: "Ame o Senhor, o seu

Deus de todo o seu coração, de toda a sua alma e de todo o seu entendimento. Este é o primeiro e maior mandamento. E o segundo é semelhante a ele: Ame o seu próximo como a si mesmo" (MATEUS 22:36-39).

No transcurso da história, esses dois mandamentos sempre têm sido mencionados nesta ordem: ame a Deus e ame os outros. E é imperativo manter os dois mandamentos na devida ordem. Se você inverter a ordem e amar as pessoas primeiro, descobrirá que não consegue manter o seu amor, e você acabará esgotado. Além disso, provavelmente fará do servir os outros um ídolo. Somente o amor que emana do amor primordial por Deus dura para sempre. Esse tipo de amor deve fluir da vida de adoração a Jesus.

Resumo

O que precisamos ajustar?

Precisamos realinhar a ideia que temos de trabalho e de adoração, de modo a juntar os dois a fim de que se tornem uma coisa só. Trabalho é adoração, mas igreja não é trabalho. Mudemos nosso vocabulário e transformemos nossas ações. Chamemos o culto de adoração como Deus planejou que fosse: *reunião de celebração* ou *culto de louvor*, realizado em lugar apropriado para isso, conduzido por um líder de louvor e sua equipe. Devemos fazer distinção entre "adoração no culto" e a adoração diária em nossas casas e locais de trabalho.

Precisamos fazer ajustes em nosso discipulado. A prioridade deve ser ensinar o pessoal que está no mercado a como adorar a Deus com seu trabalho. Devemos lhes dar exemplos práticos — maneiras específicas — de como viver a fé no trabalho. Precisamos discipular as pessoas em seus locais de trabalho e na comunidade, e não apenas na igreja e em casa.

Sintetizando: Precisamos ir trabalhar pensando em adorar a Deus, ou seja, devemos adorar a Deus com o nosso trabalho.

O que você precisa ajustar na maneira como propaga as boas-novas?

4
Ajustando nossa perspectiva à perspectiva de Deus sobre o trabalho

Não conte os dias, faça os dias contarem.
MUHAMMAD ALI

Somos criação de Deus realizada em Cristo Jesus para fazermos boas obras, as quais Deus preparou antes para nós as praticarmos.
APÓSTOLO PAULO[17]

Veja esta frase: "É só um negócio". Para um cristão de verdade, nunca é "apenas negócio". Jamais será! Se um dia a empresa se tornar "só um negócio", quer dizer que esse negócio é muito ruim. A Bíblia nos ordena: "Tudo

---
[17] Efésios 2:10

o que fizerem [...], façam-no em nome do Senhor Jesus..."
(COLOSSENSES 3:17).

Toda teologia obviamente tem de começar com a Palavra de Deus e com as obras de Deus. A teologia do trabalho de BAM está fundamentada no entendimento das línguas hebraica e grega. Há muitos exemplos e palavras que são mal-entendidos e, podemos dizer, mal traduzidos em nossas Bíblias. Para começar, veja a palavra hebraica הָעֲבוֹדָה (*avodah*, às vezes pronunciada *abodah* ou *abodat*). A raiz dessa palavra é *avad* ou *aved*. *Avodah* é traduzido de três maneiras diferentes em nossas versões bíblicas, dependendo do contexto do versículo. São elas:

- ✓ Serviço — do servo/escravo
- ✓ Trabalho
- ✓ Adoração

Na língua hebraica, *avodah* pode ser substantivo e também verbo; nesse caso, é sempre *avodah*, em todos os tempos verbais.

De acordo com Englishman's Concordance, o substantivo (עבדה, *avodah*) ocorre 145 vezes nas Escrituras. A raiz do verbo (עבד, avad) ocorre 289 vezes na Bíblia, principalmente na forma *qal* [a forma verbal mais comum e simples]. Isso não inclui o substantivo (עבד, *avad*), que ocorre outras 70 e 80 vezes no Antigo Testamento. Estou tentando mostrar que não se trata de uma palavra obscura.

Embora *avad* seja uma palavra geralmente traduzida como "servir" (VEJA ÊXODO 21:2) ou "adorar" referindo-se à adoração a YHWH (VEJA JOSUÉ 24:14), é também interpretada como "trabalhar" ou "cultivar", pensando no "trabalho comum" (VEJA ÊXODO 5:18). Digno de nota é o fato de que a palavra se refere a ocupações "seculares", como o trabalho dos israelitas de fazer tijolos quando escravos no Egito (VEJA ÊXODO 5:18) e também ao trabalho "sagrado", como o trabalho no tabernáculo e em torno dele (VEJA NÚMEROS 3:8).

Encontramos *avodah* pela primeira vez em Gênesis: "O SENHOR Deus colocou o homem no jardim do Éden para cuidar dele e cultivá-lo" (2:15). Aqui Deus está nos dizendo que Seus desígnio e desejo originais eram que nosso trabalho, nosso serviço e nossa adoração — nossa *avodah* — fossem uma maneira perfeita de viver.

Em outras palavras, precisamos substituir nossas perspectivas históricas e eclesiásticas por uma perspectiva bíblica. Isso significa que, na mente de Deus, o serviço, o trabalho e a adoração são uma coisa só. **Deus aceita o trabalho como adoração prestada a Ele.** Sendo bem direto, **trabalho é adoração**, ao menos foi projetado para ser aos olhos de Deus. A semelhança entre esses conceitos deixa claro que Deus considera nossas ações — nosso trabalho — como adoração; um culto realizado não em nosso próprio benefício, mas sim como oferta para Ele. Isso confirma que o local de trabalho é lugar de Deus. Devemos interagir com Deus e falar de Deus em nosso local de trabalho da mesma forma que na igreja ou em casa. Nosso local de trabalho é um lugar de adoração onde podemos expressar a compaixão de Cristo em palavras e ações. Paulo valida isso quando exorta: "Tudo o que fizerem, seja em palavra ou em ação, façam-no em nome do Senhor Jesus, dando por meio dele graças a Deus Pai" (COLOSSENSES 3:17).

Dave Huber fez um excelente trabalho ao mostrar de modo conciso e preciso que o grupo de palavras com a raiz עבד (avad) é traduzido de Gênesis a Malaquias de três maneiras:

Primeiro [e o mais frequente em nossas Bíblias], *avodah* é traduzido como "serviço", no qual alguém se submete lealmente a outro, seja um escravo ao seu dono (VEJA ÊXODO 21:6), um filho ao pai (VEJA MALAQUIAS 3:17) ou um súdito a um rei (VEJA 2 SAMUEL 16:19). Por exemplo, em 1 Reis 12:1-4, todo o povo de Israel pede ao rei Roboão que alivie o peso que seu pai Salomão havia colocado sobre eles. Em troca eles prometem servi-lo [*avad*] como rei.

Segundo, a palavra é traduzida por "adoração", ou referindo-se à adoração a YHWH (JOSUÉ 24:14; EZEQUIEL 20:40) ou aos ídolos (ÊXODO 20:5; SALMO 97:7; JOSUÉ 23:7). Quando Deus chama Moisés para levar Seu povo para fora do Egito, o Senhor lhe faz esta promessa: "...quando você tirar o povo do Egito, vocês prestarão culto [*avad*] a Deus neste monte" (ÊXODO 3:12).

Terceiro, *avad* também é traduzido como "trabalho". A palavra é usada em referência a ocupações "seculares" (ÊXODO 5:17; EZEQUIEL 29:18) e também às "sagradas" (ÊXODO 3:5; NÚMEROS 3:8; JOSUÉ 22:27), não importa se remuneradas (GÊNESIS 29:27) ou não (JEREMIAS 22:13). Em

---

[18]Tradução livre. Trecho do texto original *Avodah word study — Unpacking the Hebrew verb "to worship"*, disponível em: https://www.efcatoday.org/story/avodah-word-study.

Êxodo 34:21, Deus esclarece o quarto mandamento, a respeito do sábado: "Trabalhe [*avad*] seis dias, mas descanse no sétimo; tanto na época de arar como na da colheita."[18]

A raiz hebraica reflete um sentido que integra nossos conceitos de trabalho, adoração e serviço. Não há um conceito equivalente em outra língua, assim, por essa razão, os tradutores geralmente optam por "serviço" ou "servir" quando tentam transmitir o sentido do texto.

O grupo de palavras derivadas da raiz *avad* revela a perspectiva de Deus que integra adoração e trabalho. Considere isto: um *oved* é um trabalhador; um *eved* é um escravo; *avduh* é escravatura. Trabalho envolve a ideia de servir alguém. *Avodah Elohim* é o trabalho de servir ou adorar o Deus verdadeiro. Da mesma forma que nosso corpo precisa de comida para crescer e se desenvolver, servir os outros é um elemento necessário para que o Espírito de Deus, que em nós habita, nos faça crescer e se desenvolver nele.

Neste século 21, o estudioso judeu e rabino Ira F. Stone, em seu blog, esclarece essa questão ao escrever:

> A palavra hebraica para serviço, *avodah*, é a mesma usada para trabalho e para adoração. Isso não é por acaso. Nossa tradição nos ensina que o chamado para servir uns aos outros não é uma atividade de lazer. Cumprir a dupla obrigação — a de nos manter de forma física e espiritual por meio do serviço — é caracterizada como adoração. De modo semelhante, adorar não é um ato voluntário, mas sim assumir a total responsabilidade

física para o nosso próximo. *Avodah* (adoração) na vida do judeu não pode ser opcional, assim como trabalhar para suprir nossas necessidades não é. [...] A verdadeira obrigação não é apenas adorar com palavras, mas realizar a difícil tarefa de servir.[19]

Em 2009, envolvi-me na abertura de um restaurante no Oriente Médio. Isso me motivou a, em minhas viagens, visitar restaurantes que me intrigavam. Eu tomava notas, tirava fotografias e entrava nas cozinhas para analisar as diversas disposições dos utensílios e seu uso. Eu estava em Santa Bárbara, na Califórnia, quando um amigo me levou a um badalado restaurante fora da via principal. A comida era boa, o serviço muito bom, e amei a decoração. Perguntei ao garçom se podia falar com a gerente. Quando ela veio, eu lhe contei um pouco da minha história com o restaurante que estávamos começando no exterior. Pedi para conhecer a cozinha e talvez tirar algumas fotos. Ela foi muito amigável e me mostrou todo tipo de coisas interessantes.

Quando voltamos à nossa mesa para a sobremesa, eu perguntei:

—Qual é o seu segredo? A comida é muito boa, o serviço é excelente, o lugar é maravilhoso.

—É fácil. Sou judia. — Ela respondeu.

—Em outras palavras, *avodah*. — Repliquei.

Ela ficou de boca aberta como se eu tivesse roubado algum segredo judaico antigo e então perguntou:

---

[19]Tradução livre. Trecho do texto original *Service is Work and Work is worship*, disponível em: https://ritualwell.org/blog/service-work-and-work-worship-rabbi-ira-f-stone/.

—De onde o senhor conhece *avodah*?

Eu lhe disse que era professor de administração de empresas e que ensinava sobre negócios a partir da Bíblia.

Ela me deu um tapinha amistoso no braço e concordou:

—Exatamente. Tudo o que fazemos tem de ser feito com qualidade porque tudo o que fazemos é feito para Deus.

É incrível como o povo judeu continua entendendo *avodah* no mundo de hoje assim como o faziam no tempo de Jesus. O Senhor nunca falou da separação entre sagrado e secular visto que isso não existia no pensamento judaico. No próximo capítulo veremos que tal separação foi sugerida pela cultura grega, pois ela desprezava o trabalho. Depois, durante a Idade Média, a Igreja Romana, por conta de obter poder sobre governos e donos de negócios, procurou dissolver o vínculo entre o trabalho e a Igreja. O povo judeu dos dias de Jesus entendia que tudo o que faziam, no trabalho e na sinagoga, devia ser feito para a glória de Deus, como adoração a Ele — para Jesus e Seus seguidores não havia separação entre secular e sagrado.

Ed Silvoso, autor e documentarista, esclarece:

> A relação entre o trabalho e a adoração é importante porque o trabalho, na Bíblia, nunca foi apresentado como algo não espiritual. Na realidade, Deus introduziu o trabalho (subjuguem e dominem a Terra) antes mesmo da adoração (GÊNESIS 1:28). Ele não fez isso para dizer que o trabalho é superior à adoração; antes, Deus fez isso porque no jardim do Éden qualquer trabalho era adoração. [...] Além disso, após o pecado ter contaminado o solo da Terra, Deus indicou o trabalho como

a ferramenta que seria usada para lidar com a maldição que havia causado a esterilidade da terra para que não desse mais o seu fruto espontaneamente (GÊNESIS 3:17). Naquele momento o trabalho físico — com sofrimento e com o suor do rosto — ficou divinamente sancionado como o meio pelo qual se extrairia da terra o seu fruto.[20]

Deus nos deu dois motivos bem claros pelos quais criou a humanidade. O primeiro é este: "Então Deus os abençoou, dizendo: 'Sejam férteis e multipliquem-se! Encham as águas dos mares! E multipliquem-se as aves da terra'" (GÊNESIS 1:22). E o segundo: "O SENHOR Deus colocou o homem no jardim do Éden para cuidar dele e cultivá-lo (*le-avodah*)" (GÊNESIS 2:15). Várias versões bíblicas contextualizam o fato de Adão estar trabalhando o solo, e o verbo *avad* se torna "cultivar", como aqui na NVI, ou "fazer plantações", como na NTLH. Adão e Eva nunca foram consagrados como sacerdotes, visto que desde o primeiro dia adorar para eles significava trabalhar. Simplificando: em um mundo perfeito, sem pecado, você e eu fomos criados para duas coisas: ser fértil e multiplicar nossa vida, e para trabalhar.

Deus é bem claro: um dos seus principais propósitos em nos criar foi para *avodah*. Como, então, devemos entender Gênesis 2:15? *Avodah* significa *trabalhar, servir* ou *adorar*? A resposta bíblica é SIM para as três opções. Fomos criados para trabalhar/adorar/servir. Claramente o trabalho é bom e não mau, pois nos foi dado antes da queda. O trabalho

---

[20] *Ungido para os negócios — Como os cristãos podem influenciar o mercado de trabalho para transformar o mundo* (Willaim Books Editora, 2003).

não é resultado do pecado; ele é uma das coisas para as quais Deus nos criou para fazer. E como Criador, Deus dá o exemplo de como se trabalha. Em Gênesis 1, diversas vezes Deus diz que Seu trabalho foi "bom". Na verdade, era perfeito — um padrão que Ele ainda mantém e pede de nós (VEJA MATEUS 5:48). Anteriormente nos perguntamos: "O que Jesus faria?". Podemos dizer no fim do nosso dia de trabalho que nosso trabalho ficou bom? Considere que, milhares de anos depois, o trabalho de Deus ainda testifica da Sua grandeza (VEJA SALMO 8:1-4; 19:1; ROMANOS 1:20), da Sua criação, do Seu amor, da Sua Palavra — conhecemos Deus por meio das Suas obras.

Deus nos diz para usarmos os frutos do nosso trabalho para adorá-lo, como se vê nas festas de Levítico e em obrigações como a de Deuteronômio 26:2, onde aqueles que entram na Terra Prometida devem oferecer "alguns dos primeiros frutos de tudo o que produzirem na terra".

Semelhante a *avodah* há outra palavra hebraica, *sharath*[21], que é usada para descrever essa relação entre trabalho e serviço, especificamente no relacionamento com uma pessoa de posição mais alta, incluindo o nível mais elevado:

---

[21]A raiz *sharath* תָרֵשׁ é traduzida como verbo, "atender", "servir", e como substantivo, "atendente" ou "servo". Ela dá a ideia de trabalhar ou servir. Em 1 Reis 1:4,15; 10.5; Gênesis 39:4; 40:4; Números 3:6; Deuteronômio 39:4; 2 Reis 4:43; 6:15; 2 Samuel 13:17-18; 2 Crônicas 9:4; Ester 2:2; 6:3, a palavra se refere a um nível mais elevado de trabalho ou serviço realizado por um líder ou um nobre.

Sharath תָרֵשׁ, também é usada em referência a atos de serviço especial na adoração espiritual. Ela é traduzida, muitas vezes, como "ministério, ministro ou servo" para falar de atos feitos por Deus perante o povo de Israel. (Veja Êxodo 28:35; 2 Crônicas 5:14; 13:10; Joel 1:9,13; 2:17; 1 Reis 8:11; Deuteronômio 17:12; 21:5; Jeremias 33:21; Isaías 61:6.)

Especificamente, é usada para os levitas, os sacerdotes aarônicos e seu serviço ou ministério para Deus (veja Números 3:6; 8:26; 18:2; 16:9; 1 Crônicas 15:2; 16:4; 2 Crônicas 23:6; 29:11; Esdras 8:17).

Deus se relacionando conosco e nós com Ele. *Sharath* é outro exemplo dos limites da nossa língua para compreender como Deus entende trabalho, adoração e serviço. A palavra é usada muitas vezes no Antigo Testamento e também é traduzida como "serviço" e "ministério". Com essas duas palavras — avodah e sharath — temos evidências irrefutáveis da integração que Deus faz de fé e trabalho. Adorar, servir, trabalhar e ministrar com Deus e por Deus é tudo a mesma coisa.

O Novo Testamento e o trabalho

No Novo Testamento há três palavras que nos interessam: διακονια (*diakonia*), λατρεια (*latreia*) e λειτουργια (*leitourgia*). Elas são geralmente traduzidas como "serviço", "ministério" ou "adoração".

- ✓ *Diakonia* é usada, 37 vezes no Novo Testamento, por Jesus e outras pessoas. Significa "serviço à mesa" ou, em sentido mais amplo, "serviço" ou "administração". Em nossa Bíblia está como "serviço" ou "ministério". A palavra "diácono" vem de *diakonia*, porque a ideia é que os diáconos servem aos outros.[22]
- ✓ *Latreia* ocorre 21 vezes no Novo Testamento, geralmente nas cartas de Paulo. Ele usa o termo principalmente como uma forma de "serviço".

---

[22] É comum traduzir *diakonia* como "serviço". Entretanto, há evidências de que mesmo traduções como a NVI ou a KJV favorecem um entendimento mais amplo da palavra do que apenas trabalhar ou servir (ministrar) na igreja.

Entretanto, diversas versões do Novo Testamento traduzem a palavra por "adoração" (VEJA ATOS 7:42; FILIPENSES 3:3; HEBREUS 10:2).

✓ *Leitourgia* tem o sentido de ajudar, servir e ministrar. O sentido literal é de "serviço oferecido a Deus", embora seja mais traduzida como "ministério"; também é traduzida como "servo". Jesus não usa essa palavra, mas ela aparece quatro vezes em Hebreus, três em Romanos e uma em Atos e Filipenses.

Em todo o Novo Testamento vemos exemplos da relação entre trabalho/serviço/ministério/adoração. Paulo se refere a esse pensamento integrado quando fala do trabalho dos escravos cristãos. Ele escreve à igreja em Colossos: "Escravos, obedeçam em tudo a seus senhores terrenos, não somente para agradá-los quando eles estão observando, mas com sinceridade de coração, pelo fato de vocês temerem ao Senhor. Tudo o que fizerem, façam de todo o coração, como para o Senhor, e não para os homens, sabendo que receberão do Senhor a recompensa da herança. É a Cristo, o Senhor, que vocês estão servindo" (COLOSSENSES 3:22-24).

No Antigo Testamento, serviço, trabalho, ministério e adoração são uma coisa só aos olhos de Deus. Da mesma forma, não podemos separar partes da nossa vida para envolver Jesus em algumas atividades e em outras não. Os cristãos, como fazem os judeus, precisam também dedicar o trabalho como adoração ao Senhor. Compreender as facetas de *diakonia*, *latreia* e *leitourgia*, junto com *avodah* e *sharath*, esclarece que, aos olhos de Deus, nosso trabalho é adoração — ministério. Nosso trabalho é uma oferta para Ele, uma afirmação da nossa disposição de servir, não importa se é no mercado de trabalho, na escola ou na igreja.

Os Hillman, autor e conferencista, faz uma contribuição semelhante: "Das 132 aparições públicas de Jesus, 122 foram em locais de trabalho. Das 52 parábolas que Jesus contou, 45 tinham o local de trabalho como contexto".[23]

Oito parábolas que Jesus contou transcorrem no contexto de agricultura, semeadura, criação de ovelhas. Seis parábolas são sobre escravos/servos/empregados. Cinco têm a ver com os ricos e tratam de dinheiro, além do comerciante de pérolas, da produção de pão e de diversos episódios com pesca. É evidente que o carpinteiro Jesus conectava Seus ensinos com frequência ao local de trabalho.

Há quase 4.000 anos, Moisés disse ao povo de Deus que é Deus quem nos capacita para ganhar a vida com nosso trabalho. Ele diz claramente: "Lembrem-se do SENHOR, o seu Deus, pois é ele que lhes dá a capacidade de produzir riqueza..." (DEUTERONÔMIO 8:18). Moisés recorda aos israelitas e a nós que Deus é *Javé Jirê* [O SENHOR Proverá, Gênesis 22:14] — nosso provedor. Como filhos de Deus, temos de fazer um bom trabalho, pois isso reflete a glória de Deus e Sua bênção sobre a nossa vida.

A visão que Deus tem para nosso trabalho é que ele seja o meio de prover as necessidades da nossa vida. Gene Edwards ressalta:

---

[23] Tradução livre. Trecho do texto original *Jesus was a workplace minister*, disponível em: https://todaygodisfirst.com/jesus-was-a-workplace-minister/.

Quando oramos o Pai Nosso, observou Lutero, pedimos que Deus nos dê o pão nosso de cada dia. E Deus nos dá este pão diariamente. Ele assim o faz por intermédio do fazendeiro que plantou e colheu o grão, do padeiro que transformou a farinha em pão, da pessoa que preparou a nossa refeição. E, hoje em dia, poderíamos acrescentar também o motorista do caminhão que transportou o produto, os operários da fábrica de alimentos, os estoquistas, os distribuidores atacadistas, os funcionários que arrumam as mercadorias na loja, a caixa do supermercado [...] e todos aqueles que desempenham algum papel no sistema econômico do país. Todas essas pessoas são instrumentos que permitem que você coma o seu pão todas as manhãs.[24]

Resumo

O cristianismo contemporâneo tende a priorizar o culto em detrimento do trabalho, mas a Palavra de Deus nas línguas originais nos ensina que o trabalho pode ser adoração genuína. O trabalho é uma forma de adoração. Em Marcos 10:9, Jesus está cercado de pessoas quando os líderes religiosos lhe fazem uma pergunta sobre casamento. Em resposta, Ele diz: "O que Deus uniu, ninguém separe". Os israelitas tinham dificuldades para entender a perspectiva de Deus quanto ao casamento; no entanto, não tinham

---

[24]*Deus em ação — A vocação cristã em todos os setores da vida*, Gene Edward Veith, Jr. (Ed. Cultura Cristã, 2007).

dificuldades com a perspectiva de Deus acerca de *avodah* — integrar serviço, trabalho e adoração. Eu me pergunto o que Ele nos diria no século 21, vendo como separamos trabalho de adoração.

Entendendo a integração de trabalho e adoração, o que precisa ser reajustado? Claramente é a nossa perspectiva de como Deus enxerga o trabalho que precisa ser ajustada. Quando compreendermos isso, mudaremos a nossa maneira de ser igreja, de discipularmos e de compartilharmos a mensagem de Deus com os incrédulos.

Isso leva à pergunta: Por que essas palavras hebraicas e gregas são traduzidas como são?

Abordaremos isso no próximo capítulo.

5

Decifrando a tradução

Use-as com cuidado, porque as palavras são mais potentes que bombas atômicas.
PEARL STRACHAN HURD

Nossas palavras são como sementes que o vento leva por aí: algumas pousam em nosso coração, outras caem no solo. Tenha cuidado com o que planta e com o que você diz; talvez algum dia você tenha de comer o que plantou. ANÔNIMO

Há muitos idiomas no mundo, e todos têm sentido. Mas, se eu não entendo um idioma, sou estrangeiro para quem o fala, e ele é estrangeiro para mim. APÓSTOLO PAULO[25]

---

[25] 1 Coríntios 14:10-11 NVT

"No princípio era aquele que é a Palavra. Ele estava com Deus, e era Deus..." (JOÃO 1:1).

Palavras são ditas durante todo o dia. Algumas deixam as pessoas atentas, outras as fazem dormir. Palavras podem ser impactantes, ou vazias. Jesus observou:

> *A boca fala do que está cheio o coração. O homem bom, do seu bom tesouro, tira coisas boas, e o homem mau, do seu mau tesouro, tira coisas más. Mas eu lhes digo que, no dia do juízo, os homens haverão de dar conta de toda palavra inútil que tiverem falado. Pois por suas palavras você será absolvido, e por suas palavras será condenado.* MATEUS 12:34-37

A Bíblia tem muito a dizer sobre palavras. João 1:1 prioriza a importância e o valor das palavras proferidas por Deus. Se Deus declara que Ele mesmo é "a Palavra", então palavras são extremamente importantes. Elas trazem entendimento e ação. E a forma como as palavras são traduzidas também afeta o nosso entendimento quanto ao que está sendo transmitido. Por isso, a tradução das palavras na Bíblia influencia nosso relacionamento com Deus e nossa compreensão de conceitos bíblicos que são importantes para nossa vida diária e para nosso trabalho. Acontece que poucos percebem que há palavras hebraicas e gregas cujo sentido mudou do que significavam na época de Jesus.

Ao estudar outro idioma, é importante entender o impacto da cultura sobre a língua *e* sobre a comunicação. Jesus era judeu, e a maior parte da Bíblia nos foi transmitida por escribas judeus. Por isso, ter uma noção das diferenças entre a cultura hebraica e a grega, que influenciou o Ocidente, é útil para discernir o sentido original dos textos bíblicos.

Uma diferença fundamental na perspectiva do trabalho ocorre entre as culturas grega e hebraica. A cultura hebraica honra o trabalho. Um profissional eficiente tem prestígio na sociedade. É provável que essa postura se baseie no entendimento que eles têm de *avodah*. Para Deus, trabalho é adoração, e toda habilidade precisa ser exercida de maneiras que honrem a Deus. Eis uma das diversas vezes em que Deus se refere a *trabalhadores habilidosos* na Bíblia:

> *O Senhor escolheu Bezalel [...] e o encheu do Espírito de Deus, dando-lhe destreza, habilidade e plena capacidade artística, para desenhar e executar trabalhos em ouro, prata e bronze, para talhar e lapidar pedras, entalhar madeira para todo tipo de obra artesanal.* ÊXODO 35:30-33

Veja o apóstolo Paulo. Ele era cidadão romano (VEJA ATOS 16:37), filho de fariseu (VEJA ATOS 23:6), com formação excelente (VEJA ATOS 22:3), ele mesmo também fariseu (VEJA ATOS 26:5). É evidente que ele pertencia à classe privilegiada. O fato de Paulo ter dado seu voto (v.10) para apedrejar cristãos — um deles foi Estêvão — e de punir cristãos que frequentavam a sinagoga (v.11) indica que ele também era membro do Sinédrio[26]. Como se explica que Paulo sabia trabalhar com couro e fazer tendas? Há duas explicações:

---

[26]Na Palestina, sob o domínio romano, assembleia judia de anciãos da classe dominante à qual diversas funções políticas, religiosas, legislativas, jurisdicionais e educacionais foram atribuídas (Dicionário Houaiss, 2009).

Primeiro, aprender uma profissão era um dever, e os rabinos esperavam que todo menino judeu a aprendesse de seus pais. O arcediago[27] Farrar escreve: "O próprio Gamaliel disse que qualquer tipo de aprendizado, mesmo o estudo avançado da Lei, desacompanhado de um ofício, acaba dando em nada e leva a pecar. R. Judah disse que, verdadeiramente, o trabalho honra o trabalhador e que não ensinar uma profissão ao filho é como ensiná-lo a roubar"[28]. Na época de Jesus, não havia remuneração por serviços rabínicos, como julgar um caso ou ensinar a Torá aos alunos. Por isso, os mestres e rabinos tinham outras ocupações a fim de manterem a si e suas famílias, pois servir a Deus não era considerado uma profissão remunerada de tempo parcial ou integral. O rabino Tzadok, um estudioso respeitado do primeiro século, disse: "Não transforme a Torá numa [...] pá para cavar"[29]. Em outras palavras, o conhecimento religioso ou a habilidade para pregar não deviam ser usados para ganho pessoal, apenas como um talento que complementava outras habilidades, mais valiosas e respeitadas.

Os fariseus eram principalmente uma corrente de estudiosos devotos, e praticamente todos os fariseus eram laicos: todos tinham uma profissão para ganhar a vida. Isso quer dizer que todo fariseu tinha uma habilidade, e eles eram conhecidos por ganhar a vida com diversos negócios e ofícios. Paulo, apesar de ter uma formação muito boa e

---

[27] Dignitário eclesiástico que recebe do bispo certos poderes junto dos párocos, curas, abades etc. de uma diocese (Dicionário Houaiss, 2009).

[28] Tradução livre. Trecho do texto original *Paul's trade*, disponível em: https://biblehub.com/sermons/auth/farrar/paul's_trade.htm.

[29] *Pirkei Avot 4:5*, disponível em: https://www.sefaria.org/sheets/370124?lang=bi.

também uma posição social privilegiada, era fariseu; portanto, aprendeu a trabalhar com couro (fabricar tendas), pois o sustento próprio era a maneira normal de os obreiros religiosos da época se manterem.

Segundo, depois dos sacerdotes e dos levitas, os que tinham uma boa habilidade estavam entre as pessoas mais respeitadas da comunidade judaica. Em todo o Antigo Testamento temos nomes específicos de trabalhadores habilidosos e de pessoas excelentes em sua profissão. Moisés, como sabemos, chamou Bezalel para confeccionar o tabernáculo. Antes de Bezalel houve Tubalcaim (VEJA GÊNESIS 4:22), que trabalhava com ferro e bronze, e depois dele Hurão-Abi (VEJA 2 CRÔNICAS 2:13), que era artífice. Também havia músicos habilidosos, como Jubal (VEJA GÊNESIS 4:21). Salomão, Esdras, Neemias e outros líderes também convocaram artífices específicos. Aoliabe e Bezalel (VEJA ÊXODO 36:1-2) serviram a Moisés, Hurão-Abi (VEJA 2 CRÔNICAS 4:11) a Salomão. Zorobabel, Jesua, Cadmiel e Henadade (VEJA ESDRAS 3:8-9; 5:2) estão ligados a Esdras. Neemias menciona especificamente nada menos do que 36 trabalhadores habilidosos que reconstruíram a muralha e a cidade. Em Provérbios, Salomão faz mais de 15 referências ao trabalho, entre as quais: "Você já observou um homem habilidoso em seu trabalho? Será promovido ao serviço real; não trabalhará para gente obscura" (PROVÉRBIOS 22:29). A cultura hebraica parte da premissa de que Deus honra os que são habilidosos em seu trabalho, e essa característica de Deus era, e ainda é, uma pedra fundamental da cultura judaica. Assim como a judia proprietária do restaurante em Santa Bárbara me confirmou, a cultura judaica ainda considera todo trabalho um serviço prestado a Deus.

Por outro lado, os gregos tinham uma perspectiva bem diferente do trabalho. Pense nos heróis da cultura grega: Sócrates, Platão, Aristóteles — três homens que eram filósofos e mestres. Sócrates dividiu o mundo em duas partes: o mundo material e físico, e o mundo transcendental ou mental, imaterial. Platão ensinou que nossa alma está separada do mundo material e do nosso corpo. Ele separou o que Deus queria que estivesse unido, em um esforço de solucionar o problema de permanência e mudança. Aristóteles foi um filósofo interessado em lógica, ética e estética. Até hoje, esses homens com frequência recebem o crédito de serem os fundadores da filosofia ocidental. Os gregos honravam "pensadores", estudiosos, enquanto os judeus honravam os que tivessem mãos calejadas. Observe novamente que os gregos prezavam o pensamento acima do trabalho. Eles categorizavam e discriminavam pessoas dependendo se eram "pensadores" (classe alta) ou "trabalhadores" (classe baixa). Não há dúvida de que o pensamento grego moldou a cultura no ocidente e, como resultado disso, influenciou a atual concepção ocidental de trabalho.

Hebraico e grego em conflito

Traduzir conceitos como *avodah* e *sharath* para o grego é um desafio. De que maneira integramos o conceito de *trabalho/adoração/serviço* em uma cultura que apresenta uma dicotomia bem clara entre o mundo físico e o mundo espiritual? Isso cria dificuldades para o tradutor. Vejamos algumas palavras em relação às quais os primeiros tradutores (do hebraico para o grego) tiveram que fazer escolhas.

No capítulo 3, observamos que as palavras gregas *diakonia, leitourgia* e *latreia* originalmente se referiam a uma forma de "serviço" prestado a alguém e não eram definidas como "ministério" ou "serviço religioso". Os conceitos de "serviço" e "ministério" continuaram evoluindo com o passar do tempo. Na cultura atual, o site *Dictionary.com* traz nove definições para a palavra "ministério". As principais definições se concentram no trabalho na igreja e no trabalho para o governo de um ministro de Estado. No caso de palavras com mais de uma definição, o dicionário prioriza os sentidos mais comuns. As primeiras duas definições são:

1. Serviço, função ou profissão de um ministro religioso.
2. O corpo ou classe de ministros religiosos; clero.

O referido site, tem 11 definições para a palavra "serviço". A primeira e principal definição é "um ato de atividade útil; auxílio; apoio".

As dez definições subsequentes retratam "serviço" de diversas maneiras: serviço militar, serviço em restaurante, serviço público, serviço de comunicação do governo, serviço de consertos, serviço de hospedagem, serviço de manutenção, serviço de utilidade pública — todas se referem a trabalho. A implicação é clara: "ministério" é algo que se faz para a igreja (ou para o governo), "serviço" é uma palavra mais geral que se aplica a funções/trabalho/ajuda prestada em qualquer lugar, seja em casa, na igreja ou no local de trabalho.

Voltemos ao início da tradução da Bíblia: "A mais antiga tradução da Bíblia em forma escrita é a *Septuaginta*, que foi feita ao longo dos últimos 200 ou 300 anos antes de Cristo. Ela é uma tradução do Antigo Testamento hebraico para o grego, feita no Egito, para a comunidade judaica que não mais entendia o texto bíblico em hebraico"[30]. No quarto século d.C., ao que tudo indica, Jerônimo[31] usou a *Septuaginta* como base para traduzir a Bíblia para o latim. Ele também difundiu a expressão tradução *sentido por sentido*, em contraste com tradução *palavra por palavra*. Um tradutor geralmente é como uma ponte que "transporta" valores de uma cultura para outra. Sendo assim, é difícil evitar que os tradutores sejam influenciados pela sua bagagem de valores pessoais. Ainda hoje, os que estudam para se tornar pastores costumam ser incentivados a estudar a Bíblia nas línguas originais a fim de obter um entendimento mais claro e imparcial do que Deus está dizendo.

Os tradutores influenciam o texto traduzido. As experiências de vida e a educação do tradutor impactam seu entendimento e uso das palavras. De acordo com uma publicação, feita em Londres sobre os dilemas da tradução, "o papel do tradutor está ligado de modo inseparável à sua posição sociocultural". Em certo blog, encontramos a seguinte afirmação: "Os tradutores sempre instilam algo

---

[30] O termo "Septuaginta" significa "Setenta" e é derivado da tradição de que foram 72 sábios de Israel (seis de cada tribo) que fizeram a tradução, a pedido do rei do Egito. *História da Tradução da Bíblia*, disponível em: https://biblia.sbb.org.br/historia-da-traducao-da-biblia.

[31] Em 382 d.C., o papa Dâmaso I comissionou Jerônimo, eminente biblista, a produzir uma versão da Bíblia em latim. Esta, chamada de "Vulgata", foi completada em 405 d.C. Essa versão passou a ser a Bíblia de toda a igreja ocidental até a Reforma Protestante em 1517. Jerônimo terminou sua tradução quase mil anos antes de John Wycliffe fazer a primeira tradução da Bíblia para o inglês em 1395.

pessoal em seu trabalho. O resultado tem ligação direta com a pessoa que o produziu"[32].Muitos versículos bíblicos refletem essas diferenças, e essa é a razão de termos tantas traduções diferentes. Além das diferenças regionais, o nível social do tradutor, suas posições teológicas e experiências de vida impactam a tradução.

Vimos como as palavras הָעֲבֹדָה (*avodah*), διακονια (*diakonia*), λατρεια (*latreia*) e λειτουργια (*leitourgia*) são traduzidas de maneiras bem diferentes, e como tais traduções ilustram como pessoas diferentes com experiências e perspectivas de vida diferentes podem influenciar uma tradução. Antes do quarto século d.C. não temos evidências de essas palavras gregas terem sido traduzidas como "ministério". Contudo, a tradução que Jerônimo fez da Bíblia para o latim — *Vulgata*, completada em 405 d.C. — apresenta as primeiras mudanças no sentido dessas palavras. Lembre-se de que os tradutores naquela época eram todos sacerdotes (cristãos profissionais). Quando um sacerdote ou funcionário da igreja lê as palavras "serviço" ou "trabalho", ele pensa naturalmente que o sentido é de "ministério", visto que ele trabalha ou serve na igreja. A consequência é que esses sacerdotes definiram e determinaram a tradução de modo a combinar com sua vida, seu contexto, seus valores e seu trabalho. Afinal de contas, os que leriam suas traduções também eram sacerdotes. Jerônimo e os primeiros tradutores nem sonhavam que algum dia pessoas laicas teriam permissão para ler por si mesmas a Palavra de Deus.

---

[32]Tradução livre. Trecho do texto original *Creativity in translation: 5 ways translators are creative*, disponível em: https://summalinguae.com/translation/creativity-in-translation/.

Por quase mil anos, a Bíblia foi escrita em rolos ou pergaminhos, e cada cópia das Escrituras, durante esse tempo, tinha sido escrita à mão. A maioria das pessoas era analfabeta, o que é um dos motivos pelos quais muitas igrejas contavam a história do evangelho por meio da arte, inclusive dos vitrais coloridos. Antes da invenção da imprensa, em 1436, era inconcebível que um leigo possuísse uma Bíblia. Infelizmente, depois dessa primeira tradução de Jerônimo para a língua do povo, passaram-se muitos séculos até que este tivesse acesso às Escrituras. Com isso, quando John Wycliffe, na década de 1380, começou a trabalhar na sua tradução para o inglês, o sentido alterado dessas palavras hebraicas e gregas já estava bem estabelecido, alterando assim a intenção de Deus para o texto. Até hoje, essas palavras continuam sendo entendidas de forma equivocada.

A palavra *gay* é um exemplo contemporâneo de como as palavras e o significado delas mudam com o tempo. Quando Maria, em *Amor, sublime amor*, dança pela seção da fábrica e canta: *I feel pretty and witty and gay!* (Eu me sinto bonita, esperta e feliz), os jovens de hoje ouvem algo bem diferente do que as audiências entendiam em 1961, quando o filme estreou. Em 1973 namorei uma moça de nome Gay, e há pouco tempo, ela começou a pedir que as pessoas a chamassem pelo seu nome do meio, Anne. Quando lhe perguntaram sobre a razão para tal mudança, ela respondeu: "As pessoas, às vezes, têm uma impressão errada quando ficam sabendo que o meu nome é Gay".

No fim da década de 1960 o movimento homossexual começou a identificar-se como "gay", e até hoje conectamos a palavra "gay" a homossexualidade. Nosso idioma e suas definições estão em constante expansão e isso muda o entendimento das palavras.

Os tradutores influenciam nosso pensamento

A Dra. Lera Boroditsky, professora adjunta de Ciência Cognitiva na Universidade da Califórnia em San Diego, afirma que a língua molda a maneira como pensamos. Ela explica:

> Se sua língua e sua cultura o treinam para fazer algo, então você consegue fazê-lo. [...] A língua conduz nosso raciocínio. Ela interfere até com as pequenas decisões perceptivas que tomamos. A língua pode ter efeitos realmente amplos. [...] Isso significa que a língua pode moldar a forma como pensamos sobre qualquer coisa que pode ser descrita por um substantivo. E isso é muita coisa.[33]

A pesquisa enfatiza que pessoas que falam línguas diferentes pensam de maneira diferente. É possível que duas pessoas de culturas e línguas bem diferentes vejam a mesma coisa e adotem perspectivas e descrições muito diferentes do que aconteceu.

Robert Alter, um estudioso de hebraico que fez uma tradução em estilo literário original do Antigo Testamento para o inglês depois de 22 anos de trabalho, nos traz suas

---

[33] Tradução livre de trecho da palestra *How language shapes the way we think*, Lera Boroditsky, TEDWomen 2017.

percepções. Ele diz que as pessoas modernas tendem a pensar que sua tarefa é "esclarecer" tudo, enquanto os escritores hebreus se deleitavam em ambiguidades e às vezes eram deliberadamente obscuros.

> As pessoas modernas imaginam que cada termo hebraico importante tem de ser traduzido de maneira diferente, de acordo com o contexto, enquanto os escritores hebreus faziam um uso artístico da repetição dos mesmos termos. As pessoas modernas pensam que a sintaxe hebraica tem de ser reformulada segundo as línguas modernas, violando assim com frequência a integridade estilística do hebraico.[34]

Às vezes, pode ter sido a intenção de Deus usar palavras ambíguas. Pois os pensamentos dele não são os nossos, nem os nossos caminhos são os dele (VEJA ISAÍAS 55:8-9). Nós tentamos condensar cada palavra ao seu sentido mais básico. Mesmo se fizermos isso com o desejo sincero de obedecer totalmente a Deus, devemos considerar: E se a obediência a Ele for mais extensa e profunda do que nossa mente e coração humanos podem imaginar?

O especialista patrístico do século 20 Richard Hanson acrescenta:

> Uma tendência universal na religião cristã, assim como também em outras religiões, é dar uma interpretação

---

[34] Tradução livre de trecho do artigo *Scholar's coveted Bible translation, 22 years in the making, set to hit shelves*, disponível em: https://www.timesofisrael.com/scholars-coveted-bible-translation-22-years-in-the-making-set-to-hit-shelves/.

teológica às instruções desenvolvidas gradualmente durante um período visando o proveito da prática, e em seguida, aplicam essa interpretação a períodos anteriores, e o início dessas instruções, fixando-as numa era onde, de fato, ninguém jamais imaginou que teriam qualquer significado.[35]

Se mudamos o sentido das palavras faladas por Jesus e registradas por inspiração do Seu Espírito, será que ainda estamos seguindo a verdade? Reveja *avodah* mais uma vez: trabalhar/servir/adorar significa uma coisa só na mente de Deus. Nossos esforços para separá-los são nada mais do que *nossos* esforços. Por isso pergunto: Será que estamos colocando Sócrates e a cultura ocidental acima de Jesus?

Ao reajustar nossos conceitos, reconhecemos que Deus fala conosco por meio de parábolas. Deus nos mostra Seu caminho apenas como "um reflexo obscuro, como em espelho" (1 CORÍNTIOS 13:12). Há um motivo para recebermos somente vislumbres do mundo espiritual. Paulo diversas vezes se refere ao Reino e ao evangelho como um "mistério" (VEJA ROMANOS 11:25; 16:25; 1 CORÍNTIOS 2:7; EFÉSIOS 1:9; COLOSSENSES 1:27). Claramente há coisas que Deus não quer que entendamos completamente. Nossa tarefa é *viver pela fé, não pelo que vemos* (2 CORÍNTIOS 5.7). À medida que crescemos e aprendemos, chegamos a um entendimento maior da Palavra de Deus e isso nos induz a realinhar nossa maneira de pensar com a de Deus. Todavia, precisamos evitar de colocar

---

[35]*Cristianismo pagão? — Analisando as origens das práticas e tradições da igreja* (Abba Press Editora, 2018).

a Palavra ou a vontade de Deus dentro de uma caixa. Deus é muito maior do que conseguimos pensar ou imaginar, por isso jamais devemos limitá-lo a uma de nossas caixas. Além disso, e mais importante, não queremos ser como os líderes religiosos do tempo de Jesus, que achavam que já sabiam tudo e estavam tão convencidos de estarem certos que crucificaram Aquele que pensava de forma diferente.

Servos ou escravos?

Estudando as traduções da Bíblia, além da nossa palavra *avodah* (trabalho/adoração/serviço) também temos de analisar a palavra grega para "escravo". Διακονος (*diakonos*) e suas formas, como vimos, significa "servo", alguém que presta serviços ou cumpre tarefas para outra pessoa. A palavra grega δουλος (*doulos*) significa "escravo", mas na maioria das nossas versões é traduzida como "servo", e não como escravo.

Há uma grande diferença entre ser servo e ser escravo. Um escravo não tem nada. Ele precisa pedir orientação e permissão para todas as coisas. A primeira pergunta que o escravo faz todos os dias é esta: "Amo, o que devo fazer hoje?". Um escravo sabe que seu tempo, suas coisas e até mesmo seu corpo pertencem ao seu dono. Um servo, por sua vez, tem escolhas e direitos. Servos podem ir e vir livremente e até sair do emprego, se quiserem. Um escravo não tem nada além do que seu dono lhe dá.

Mesmo um aluno de grego, já no primeiro ano, sabe a diferença entre as duas palavras gregas *doulos* e *diakonos*, mas continuamos a alterá-las quando as ensinamos. De acordo com a Bíblia, isso é uma prática perigosa:

> *Declaro a todos os que ouvem as palavras da*
> *profecia deste livro: Se alguém lhe acrescentar algo,*
> *Deus lhe acrescentará as pragas descritas neste livro.*
> *Se alguém tirar alguma palavra deste livro de*
> *profecia, Deus tirará dele a sua parte na árvore da*
> *vida e na cidade santa, que são descritas neste livro.*
> APOCALIPSE 22:18-19

Ao explicar essas palavras, estou ciente de que Deus está acima de mim e supervisiona o que escrevo. Obviamente, havia servos na época de Jesus. Só que o grego tem palavras diferentes para escravo (*doulos*) e servo (*diakonos*). Deus quer que sejamos escravos ou servos? Quem está no controle da nossa vida, nós ou Ele? Jesus, por exemplo, diz o seguinte: "Muito bem, δουλε (*doule*) bom e fiel! Você foi fiel no pouco, eu o porei sobre o muito. Venha e participe da alegria do seu senhor!" (MATEUS 25:23). Há diversas parábolas[36] na Bíblia que se referem aos que servem o rei ou mestre como "escravos" e não como "servos". **Não há meio-termo** no Reino do nosso Mestre. Com muita frequência, nós, como líderes, *comprometemos* nossas palavras e traduções do grego. Podemos até justificar isso, mas será que Deus se convence?

---

[36] Algumas das parábolas em Mateus: O prudente e o insensato (7:24-29); O trigo e o joio (13:24-30); O servo impiedoso (18:21-35); Os lavradores maus (21:33-46); O banquete de casamento (22:1-14).

Ao pesquisar essa mudança da palavra *doulos* de "escravo" para "servo", deparei-me com o texto a seguir sobre Josef Tson, um pastor romeno que foi exilado por sua fé:

"Durante os anos do exílio, Josef ficou abismado por alguns aspectos do cristianismo evangélico nos EUA que eram estranhos ao cristianismo praticado no leste europeu. Estudando o desenvolvimento histórico do movimento evangélico americano, ele descobriu que essas características contemporâneas eram fruto de uma série de mudanças de paradigmas espirituais. As primeiras mudanças ocorreram no começo do século 20, quando a busca por santidade, ênfase do século 19, foi trocada pelo desejo de experiências inspirativas, inebriantes.

"Uma segunda mudança ocorreu nas décadas de 1950 e 1960, que Josef identificou como 'uma mudança do chamado à uma absoluta rendição para o chamado a um compromisso'. Ele explica a diferença assim:

"A rendição cristã significa que uma pessoa levanta suas mãos e diz a Deus: 'Aqui estou, eu me rendo, assume o controle da minha vida, eu pertenço a ti, usa-me como quiseres!'. Só que aqui é a América, a terra das pessoas independentes! Este é o lugar do 'ninguém manda em mim! Eu pertenço somente a mim mesmo!' Um chamado à entrega, ou, ainda mais, à rendição absoluta, simplesmente não combina com essas pessoas. Por isso, pregadores, que querem 'resultados' e os querem em grande número, sentiram (e cederam) a tentação de atenuar a exigência, reduzir o custo, a fim de tornar a mensagem mais palatável. E acharam a palavra 'compromisso'. Veja, compromisso significa: 'comprometo-me a fazer algo por você' ou, mais leve ainda, 'prometo fazer algo por você', mas eu continuo meu e posso ou não cumprir minha promessa. Podemos falar de compromisso mais forte ou mais fraco, mas, por mais forte que ele seja, ainda é o meu independente eu que faz uma promessa de boa intenção."

"Essa mudança sutil abriu o caminho para outras mudanças na cultura cristã.

"Josef Tson continua: 'Uma dessas mudanças veio silenciosa, quase sem ser notada, pelas novas versões da Bíblia. Os tradutores não quiseram que o termo 'escravo' fosse aplicado a pessoas. Quem quer ser escravo? Por isso, substituíram o termo por 'servo'. Novamente um reflexo e exigência do espírito independente!

"No grego, 'escravo' é *doulos*, 'servo' é *diakonos*. Na Bíblia grega, jamais alguém *diakoneo* a Deus — não se presta serviços a Deus; somente se *douleo* a Deus — ou seja, somos escravos dele. Jesus deixa claro em Lucas 17:10 que, não importa o quanto façamos para Deus, no fim do dia ainda devemos dizer: 'Sou um escravo indigno; eu apenas fiz o que é dever do escravo fazer!'. Tudo isso agora se foi, com a substituição da palavra 'escravo' pela palavra 'servo'."[37]

---

[37]Tradução livre. Trecho do livro *Surrender — The Heart God Controls*, de Nancy Leigh DeMoss (Moody Publishers, 2005).

Temos de reajustar. Somos servos do Senhor Altíssimo? Ou somos escravos dele?

Resumo

Nossa língua molda nossa mente e nossa mente molda nossa maneira de pensar. Por isso, conclui-se que nossa língua, nossas palavras, influenciam a maneira como processamos ideias. As culturas e línguas ocidentais foram influenciadas fortemente pelo pensamento grego. Os gregos consideravam o trabalho algo que camponeses e pessoas iletradas faziam. O povo judeu, por sua vez, definido por sua cultura e sua língua, foi moldado pela Palavra de Deus e por isso têm o trabalho em elevado apreço.

Diferenças culturais nos levam a traduzir equivocadamente ideias e palavras. Temos de permitir que o Espírito de Deus, que habita em nós, molde nossa maneira de pensar. Precisamos permitir o Espírito de Deus formular nossas palavras e modos de comunicação. Alegamos que somos guiados pelo Espírito, mas depois deixamos nossa língua e nossa mente limitarem nosso pensamento que, por sua vez, influencia nossas ações. A natureza pecaminosa das pessoas coloca os próprios desejos acima dos de Deus, mas a nós é ordenado: "Vivam pelo Espírito, e de modo nenhum satisfarão os desejos da carne" (GÁLATAS 5:16).

O que precisa ser reajustado? A quem seguimos em nossa vida e trabalho: os antigos filósofos como Sócrates e Platão, ou o nosso Salvador, Jesus Cristo?

6

Lições tiradas da agricultura

A parábola dos dois lavradores

*Uma das coisas mais maravilhosas
da agricultura é a expectativa que a acompanha.*
W. E. JOHNS

*Não estou colhendo nada; mal posso dizer que
estou semeando, e que estou arando o solo; mas
estou tirando as pedras. Isso também é trabalho
missionário; que seja sustentado por simpatia
amorosa e oração fervorosa.* ROBERT BRUCE,
missionário escocês entre muçulmanos iranianos.

Em certo dia de outono, um fazendeiro rico contratou dois agricultores e cedeu um campo a cada um, na expectativa de uma boa colheita no ano seguinte. Durante o inverno bem frio nada cresceu exceto os sonhos que os lavradores tinham de uma colheita abundante, e na primavera os dois estavam ansiosos para começar.

O lavrador sábio temperou seu zelo com paciência. Ele não plantou nada no começo da primavera. Tudo o que ele fez foi arar. Semeou um mês depois, irrigou e foi arrancando o mato durante o verão, e colheu no outono.

O lavrador tolo, por sua vez, plantou logo no começo da primavera, sem arar direito, visto que semear era o que ele mais gostava de fazer, exceto colher, é claro. Durante o verão, tudo o que ele fez foi espalhar a semente no campo e colher. Ele não teve paciência para arar primeiro ou para irrigar nem retirar o inço enquanto a plantação crescia. Em seu trator havia uma faixa com seu lema pessoal: "Plante logo, plante sempre" de um lado, e "Colha todo dia" do outro.

No outono seguinte, o proprietário da terra veio e perguntou ao lavrador sábio:

—Quanto produziu minha terra?

—35.000 sacos — ele respondeu.

—Muito bem! — Disse o fazendeiro. Depois perguntou ao lavrador tolo:

—Quanto produziu minha terra?

—7.000 sacos — este respondeu.

—Por que tão pouco? — Indagou o proprietário.

—Não sei! Eu colhi todos os dias, desde o começo da primavera. — Respondeu o tolo.

—Você começou a colher na primavera? Então quando você arou, irrigou e arrancou as ervas daninhas?

O tolo, aparvalhado, disse:

—O senhor só me pediu uma boa colheita. Não perdi tempo com essas outras coisas.

A isso o fazendeiro respondeu:

—Para poder colher, é preciso arar, semear, irrigar e arrancar as ervas daninhas!

Então, arrancou a faixa do trator do homem, rasgou-a em pedacinhos e a jogou no lixo.[38]

Era uma manhã de primavera. Eu estava visitando um pastor na região central de Illinois — terra do milho. O pastor tinha uma fazenda e tinha deixado a terra sem ser cultivada durante o inverno. Levantei cedo e estava admirando o Sol surgir no horizonte. Minha leitura da Bíblia naquele dia era Mateus 13. Comecei a ler e a imaginar a cena de Jesus pregando a parábola do Semeador à multidão. Enquanto eu meditava na passagem, o empregado que cuidava da terra do pastor chegou em sua moto e entrou no galpão. Alguns minutos depois ele saiu dirigindo um grande trator vermelho. Foi direto até o canto do terreno e começou a arar.

Continuei lendo, mas tive aquela sensação de que o Mestre queria me ensinar algo. A passagem enfatiza a necessidade de "ver" e "ouvir" (VERSÍCULOS 14 E 15), então olhei e ouvi. A única coisa que consegui ouvir foi esse agricultor dirigindo seu trator lentamente para cá e para lá pelo campo, fazendo sulcos profundos no solo. De vez em quando, ele levantava uma pedra grande, mas basicamente ele estava revirando as ervas daninhas, preparando a terra para a semeadura. Continuei lendo, refletindo sobre a cena

---

[38]De autoria desconhecida, este texto foi publicado pela primeira vez na revista GMI Info em 1997 e anotado em meu caderno.

de Jesus ensinando essa parábola a uma multidão de pescadores e camponeses judeus.

Novamente, no versículo 18, Jesus diz: "Ouçam!". Voltei ao versículo 14: "Ainda que estejam sempre ouvindo, vocês nunca entenderão; ainda que estejam sempre vendo, jamais perceberão". Assim, orei: "Senhor, abra meus ouvidos para que eu ouça, abra meus olhos para que eu veja!". E então, de repente, em um relance, eu ouvi e vi. Não com meus ouvidos e olhos físicos, mas com os espirituais. Arar! Este homem estava arando. *Antes de semear, você precisa arar!*

Na parábola, de fato, Jesus não menciona o arar. Porém meus ouvidos e meus olhos foram abertos para o que veio a ser uma revelação que mudou minha vida, meus relacionamentos, meu *avodah*. Permita-me compartilhar com você o que tenho convicção de que o Senhor estava me ensinando.

Primeiro, pense na audiência de Jesus — provavelmente mais da metade era camponeses. Todos plantavam alguma coisa, pois era uma sociedade agrícola. A audiência entendia o que era semear. Uma parábola sobre semear pressupõe todo o processo que por fim leva à colheita. E esse processo começa com arar a terra.

Segundo, se Jesus dissesse a você para fazer do espaço onde há um supermercado hoje uma plantação milho, o que você faria? Compraria a propriedade e depois? Como você iniciaria a transformação de um supermercado em um milharal? Você se apressaria em comprar um saco de sementes de milho e começaria a espalhá-las pelo estacionamento e por toda loja? Certamente! Semeadores são enviados para semear — certo? Pelo menos é isso que muitos entendem dessa parábola: saia e vá semear. Não se preocupe com o estado do solo; sua tarefa é espalhar a semente da Palavra de Deus. Afinal, produzir os resultados é tarefa de Deus.

Será?

Será que Deus não produz Seus resultados por nosso intermédio? Ele não fez de nós Seus embaixadores, Sua luz, Seu sal? Ele não nos conhece pelos nossos frutos? Ele não nos deu Seu Espírito para realizar o trabalho dele por meio de nós?

Se sairmos por aí e começarmos a espalhar sementes naquele estacionamento, que resultados conseguiremos? Isso seria obediência, ou tolice? Já calculamos os custos? (VEJA LUCAS 14:28-30). Estamos sendo bons administradores do que Deus nos confiou? (VEJA MATEUS 25:14-30).

A multidão com a qual Jesus estava falando entendia isso muito bem; primeiro temos de arar o estacionamento e derrubar o prédio antes de podermos semear. Primeiro é preciso preparar o solo. Para chegar à colheita precisamos arar primeiro e em seguida semear. E lembre-se de que apenas o arar também não é suficiente.

Jesus dedica mais tempo para explicar esta parábola aos Seus discípulos do que em qualquer outra. É evidente que as interpretações poderiam ser variadas, então Ele os esclarece. E enquanto Jesus exorta os Doze, quero parar, olhar e ouvir qual é a intenção dele com isso (VEJA MATEUS 13:13-14; MARCOS 4:12). Ocasionalmente podemos colher sem ter arado, mas será que são frutos que permanecem? (VEJA JOÃO 15:16). A parábola é clara: não haverá colheita duradoura em um solo/pessoas endurecidos, pedregosos e cheios de ervas daninhas; a não ser que se are primeiro. Em nossa interpretação dessa parábola do Semeador, geralmente, desconsideramos um fator significativo: as pessoas da época de Jesus entendiam que é necessário *arar* primeiro.

Arando o coração do mensageiro

Ao preparar o solo para as boas-novas e espalhar transformação, com frequência, Deus começa pelo coração do mensageiro. A obra que Deus deseja fazer tem duas partes. Antes de tudo Ele trabalha em nós, e só depois por nosso intermédio. Ele trabalha em nós para nos aperfeiçoar para Sua glória, e por meio de nós para espalhar Sua glória. Deus usa a verdade e as boas-novas do Seu evangelho para transformar o solo do nosso coração. Isso é o que acontece no processo de arar o solo. À medida que seguimos Jesus, aprendemos e vivemos as verdades maravilhosas que Ele nos revela: estamos sendo transformados (preparados para dar fruto). As pessoas à nossa volta veem e experimentam as verdades dele por meio de nossa vida e de nossas palavras: o solo do coração deles está sendo arado (transformado e preparado para a semeadura). Arar, semear, produzir fruto e a colheita são todos momentos de transformação. Geralmente nos concentramos em transformar os que estão ao nosso redor, mas Deus está concentrado em transformar o nosso coração. Por intermédio da transformação que ocorre em nós é que as pessoas à nossa volta serão transformadas.

Quando um seguidor de Jesus vive e trabalha em um lugar em que o solo do coração das pessoas ao seu redor é duro, pedregoso ou cheio de ervas daninhas, é ainda mais importante que ele are a terra pelo exemplo de transformação pessoal. Essas testemunhas precisam ter um tempo diferente de treinamento do que a maioria das igrejas e das agências missionárias oferece. O solo pode estar preparado para a semente de Deus em alguns lugares visto que os discípulos de Jesus estiveram arando, fertilizando e trabalhando esse solo há séculos. Entretanto, ao ir ao encontro dos que têm pouco ou nenhum conhecimento de Jesus, os desafios são diferentes, às vezes contrastantes. Na melhor das hipóteses, o mundo de muçulmanos, hindus, budistas e ateus é solo pedregoso; mas muito provavelmente, eles são um solo muito duro. Aprender a arar deve estar em primeiro plano no preparo do mensageiro, se ele espera fazer, ao final, uma colheita entre os de coração endurecido.

O maravilhoso de realizar negócios em uma comunidade pouco alcançada e entre descrentes, em geral, é que isso nos impulsiona aos campos onde somos constantemente e, de modo natural, comissionados a arar, a semear, a irrigar e a limpar pelo exemplo da nossa vida e de nossas ações. Quando nossos colegas de trabalho observam nossas atitudes, estamos arando. Quando demonstramos o que é graça, perdão e amor, permitimos que as pessoas experimentem a realidade e os benefícios das boas-novas. Quando envolvemos naturalmente Jesus em nosso trabalho e em nossa rotina diária, as pessoas *veem* a verdade do que conhecemos e cremos. Essa maneira de arar, com o tempo, muda o conceito que os descrentes têm de Jesus e da Igreja. Para quem quer sair para os povos de coração duro no mundo, aprender a arar precisa ser a sua prioridade. Se queremos ver fruto em um solo endurecido, onde quer que ele esteja, precisamos discipular as pessoas nas estratégias de semear *e* nas metodologias de arar. Temos de reajustar.

Aprendi quatro lições sobre arar. Quero compartilhar três neste capítulo e a quarta no próximo.

Lição 1 — Antes de semear, é preciso arar!

Você já ouviu um missionário falar sobre o trabalho dele no exterior, contando de como é a comida, a cultura, a língua, de como ele ama o povo, para então ouvi-lo dizer que *não há fruto por conta do solo ser duro*? Há muito solo duro no mundo muçulmano, hindu e budista, mas também em outros lugares. O problema é: se um solo é duro, como a semente crescerá? Como haverá uma colheita? Em Mateus 13:4-9 Jesus nos ensina um pouco sobre agricultura. Há três personagens nessa parábola que Ele conta: o semeador, a semente e o solo. O semeador representa o evangelista, o mensageiro — você e eu. A semente é a Palavra de Deus. O solo claramente representa os que ouvem a Palavra de Deus — os que não são cristãos.

Toda história tem um personagem principal. Quem é o personagem principal dessa parábola? Eu creio que é *o solo*, visto que Jesus passa a maior parte do tempo falando dele. O Senhor se concentra na qualidade do solo, na condição que apresenta ao receber a semente. No entanto, nós chamamos essa história de "parábola do Semeador", não de parábola do Solo. Isso mostra que estamos nos concentrando no personagem errado. Isso fica evidente quando consideramos a qual desses três personagens a maioria das igrejas, escolas bíblicas e agências missionárias dedicam praticamente todo o seu tempo e treinamento. Por exemplo, percebemos que, como crentes:

- ✓ Nós vamos à igreja e ouvimos sermões
- ✓ Nós vamos à Escola Bíblica Dominical
- ✓ Nós fazemos cursos
- ✓ Nós estudamos a Bíblia

E então, quando nos preparamos para servir à igreja ou para ir ao exterior...

- ✓ Aprendemos estratégias de evangelização
- ✓ Vamos para um seminário
- ✓ Aprendemos uma profissão
- ✓ Aprendemos a língua
- ✓ Aprendemos a nos contextualizar
- ✓ Estudamos os livros sagrados daquele povo
- ✓ Fazemos mais cursos
- ✓ Aprendemos a usar diversas ferramentas evangelísticas e de plantação de igrejas: as *Quatro leis espirituais*, *Experimentando Deus*, nosso testemunho, A ilustração da ponte, DMM (Movimento de Fazer Discípulos), T4T (Treinamento para Treinadores), O método camelo, o de contar histórias — há muitas.

Veja o enfoque aqui. Todos esses esforços têm a intenção de ajudar o semeador — você e eu. Cada uma dessas experiências de aprendizado tem o propósito de nos trazer para mais perto de Deus e nos ajudar a conviver melhor com o povo que Deus nos disse para alcançar, entender e ser entendido por eles. *Todas essas coisas são boas.* Todas são importantes. O semeador precisa ser treinado. Mas quem é o personagem principal dessa parábola? O SOLO. Reveja a lista acima; nenhum dos itens mencionados faz um impacto mínimo na qualidade do solo que precisa ser preparado para receber a semente. Logo, diante disso, devemos perguntar ao Mestre: "Será que estamos negligenciando algo em nosso preparo e treinamento a fim de que alcancemos pessoas para o Senhor?". Há algo que precisamos reajustar?

Comecei a me perguntar em oração: Por que um semeador, um agricultor profissional experiente, semearia em solo duro? Em solo pedregoso? Em terra cheia de ervas daninhas? Deixar a semente cair nesses lugares é um desperdício de sementes, visto que custam dinheiro. Um semeador experiente jamais desperdiçaria sementes. De repente, isto ficou claro para mim: **Um bom semeador jamais semearia em solo assim.** É isso que a parábola quer nos ensinar!

Isso quer dizer que desistimos de trabalhar com pessoas que são duras! Absolutamente não! O que precisamos aprender é a necessidade de preparar o solo para a semente, e as maneiras de fazê-lo.

Antes de irmos ao campo semear, temos de ir ao campo e arar.

Durante vários anos pesquisei sobre como arar e aprendi algumas coisas, que pretendo compartilhar nos próximos capítulos. Antes disso, porém, reflita: O que estamos fazendo para mudar a atitude das pessoas a respeito de Jesus? Seja no local de trabalho ou em nossa vizinhança, o que estamos fazendo que está abrindo o coração e a mente das pessoas para receberem a semente do evangelho? Seja em Nova York ou Nova Delhi, o que estamos fazendo que está conduzindo pessoas a Jesus? Deus está abençoando esses esforços? Se sim, continue fazendo. Se não, precisamos começar a estudar o solo em que estamos trabalhando. Temos de compreender o tipo de solo (pessoas) em que Jesus nos colocou para trabalhar. E como aconteceu com o semeador na parábola de Jesus, devemos nos perguntar: Qual são as diferenças entre esses solos?

Solo duro. O primeiro solo é duro. A semente não desenvolve raízes. O coração é duro. Jesus relata que "o Maligno vem e arranca o que foi semeado" (MATEUS 13:19). O solo duro representa as pessoas que têm a mente e o coração fechados. Fechado devido a nacionalidade, religião, educação, valores sociais e culturais etc. Todas essas coisas criam preconceitos na alma das pessoas, fechando-as. É normal que pessoas duras, pessoas orgulhosas, temam mudanças. Satanás as entorpecem para que não vejam, ouçam nem entendam a verdade.

Solo pedregoso. O segundo tipo de solo é raso e cheio de pedras. Jesus o descreve como o indivíduo que "não tem raiz em si mesmo" (MATEUS 13:20). Quando a emoção arrefece e surgem dificuldades, ele desanima. Uma pessoa assim expressa alegria e empolgação no Senhor por alguns dias, talvez até meses, mas depois desistem.

Por exemplo, um missionário, de volta ao seu país, com grande entusiasmado conta à sua igreja: "Mohammed veio a crer em Jesus! Louvado seja Deus!". Contudo, um mês mais tarde Mohammed está de volta à sua vida islâmica normal.

E não quer mais ver o missionário. A Palavra foi semeada e o tocou. Mas será que não fora apenas uma decisão emocional? Ou lhe faltou caráter para perseverar em meio a dificuldades? Ou talvez Mohammed não tinha calculado o custo? Temos todo tipo de desculpas para Mohammed, mas será que já nos perguntamos honestamente: Por que alguns novos crentes são como Mohammed? Será que é porque o semeador (nós) plantou a semente em solo pedregoso? Será que, em nossa ansiedade por obter resultados, não fomos obedientes em preparar o solo direito, para que Mohammed tivesse uma chance de crescer? Sim, estou perguntando: Será que a culpa é nossa se a vida de Mohammed não frutificou para Jesus?

Solo com espinhos. O terceiro tipo de solo está cheio de espinhos. Estas pessoas receberam a semente e pareciam andar com Jesus por algum tempo: seis meses, um ano, três anos, talvez mais. Com o tempo, porém, "a preocupação desta vida e o engano das riquezas a [sufocaram], tornando-a infrutífera" (MATEUS 13:22).

Por exemplo, Abdullah vem a crer em Jesus. Louvado seja Deus! Porém o missionário, após sua experiência com Mohammed, sabiamente espera para relatar isso ao pessoal de sua igreja. Somente depois de quatro meses de encontros com Abdullah o missionário começa a compartilhar com amigos e com sua igreja sobre Abdullah e os encontros para estudo bíblico que tem com ele. Todavia, depois de 18 meses de encontros, Abdullah acaba distraído por dinheiro, preocupações ou temores, ou talvez só esteja muito ocupado. De repente, puf! Abdullah se foi. Com isso, o missionário para de mencionar Abdullah em suas cartas, esperando e orando que ele se arrependa. Vários meses mais tarde alguém pergunta sobre Abdullah, então o missionário reconhece que precisa contar o que está acontecendo. Novamente, há um enorme leque de desculpas. O solo é difícil. O Maligno está em ação. Afinal de contas, Abdullah estava memorizando versículos e fazendo devocionais; tudo isso deve ser um ataque de Satanás. Mas alguma vez já nos perguntamos: Por que alguns novos crentes são como Abdullah? Poderia ser o resultado de plantar sementes em um terreno cheio de espinhos? Será que ervas daninhas de preocupações e ilusões por querer ter mais e tudo sufocaram o que foi ouvido? Será que, em nossa pressa em obter resultados, negligenciamos o preparar devidamente o solo primeiro e deixamos de oportunizar a Abdullah a chance de ele crescer?

Solo bom. Por último, há o solo bom. Observe que há diversos tipos de solo bom, alguns dando "uma colheita de cem, sessenta e trinta por um" (MATEUS 13:23).

Chegar à colheita requer, entre muitas coisas, paciência. Algum tempo atrás estive em Wisconsin. Durante o intervalo em uma de minhas palestras, um fazendeiro veio até mim e disse: "Eu gostaria de ficar e ouvir mais sobre o assunto, mas é tempo de colheita e tenho de correr para terminar logo". Assim como há um tempo certo para colher, há um tempo certo para semear. Não muito cedo, nem muito tarde. Assim como o agricultor tolo no começo deste capítulo, vezes demais estamos com tanta pressa de ver resultados que falhamos em preparar o solo adequadamente e as sementes acabam produzindo uma colheita que não permanece; pois lançamos sementes que têm poucas chances de frutificar.

Antes de semear, temos de arar, tirar as pedras e arrancar as ervas daninhas.

A salvação de cada pessoa, no fim das contas, está nas mãos de Deus, mas somos nós os semeadores de Sua seara: o método que Ele escolheu para espalhar a semente do evangelho. Além disso, o Maligno pode claramente estar semeando ervas daninhas e/ou arrancando a semente antes que ela consiga criar raízes. Diante disso, seremos sábios ao lançarmos sementes em solo duro, que não foi arado? Nem sempre podemos saber quando um solo está pronto para a semente, mas há indicadores.

Um indicador-chave é a urgência das perguntas que os incrédulos nos fazem. Entenda que, se estamos arando a vida das pessoas, muitas delas farão perguntas a respeito das coisas que fazemos. No começo, as perguntas são por curiosidade. Apesar disso, quando descrentes curiosos nos fazem perguntas sobre nossa fé, nossa tendência é ficar empolgados e imediatamente contar nosso testemunho ou os fatos básicos do evangelho. No entanto, geralmente isso equivale a semear em solo pedregoso ou cheio de espinhos.

Trabalhando com pessoas, aprendi que os primeiros 100 comentários ou perguntas sobre nossa fé que um amigo muçulmano faz são simplesmente por curiosidade. Ele não está em busca da verdade; ele apenas pensou em algo e decidiu perguntar a respeito. Muitas vezes nós entendemos essas inocentes perguntas como convites para compartilhar o evangelho com ele. No entanto, em vez de trazê-lo para mais perto da cruz, nós o afastamos dela. Precisamos aprender a observar o solo — o coração e as atitudes das pessoas. Temos de ser pacientes e esperar por esta demanda: "Por favor, preciso saber!". A urgência de saber qual é a fonte do nosso amor, paciência e misericórdia — vindos do Espírito — é um indício de que o solo está pronto para receber a semente. (Perceba que para os que estão buscando alcançar pessoas em seu próprio país e cultura, esse processo geralmente é mais rápido.) Contudo reconheça que um interesse casual por nossa caminhada com Deus, geralmente, significa que o solo ainda não está pronto para a semente.

Outro indicador-chave é o testemunho do Espírito de Deus em nós. Quando a oportunidade surgir, pergunte ao Espírito Santo: Que tipo de solo é esse? Ou: Como devo responder? Deus, por meio do Seu Espírito, promete nos dar as palavras que devemos dizer (VEJA LUCAS 12:12; 21:15). Faça o que Ele direcionar, seja falar ou ficar quieto. Por vezes, compartilhamos o evangelho por nosso conhecimento ou experiência, e deixamos o Espírito Santo sentado de lado. Precisamos discernir o tempo dele para arar e semear.

Jesus, em diversas ocasiões, esclarece que é nossa responsabilidade preparar o solo. Um exemplo disso é Sua conversa com a mulher samaritana junto ao poço (VEJA JOÃO 4:1-42). Observe que Jesus não foi direto ao ponto, explicando quem Ele era. Provavelmente a mulher teria ido embora. Primeiro, Ele despertou o interesse dela; falou a ela sobre receber a "água viva" e revelou o passado dela. Isso a atraiu e abriu o coração dela para aprender mais.

Jesus também nos diz: "Com isso todos saberão que vocês são meus discípulos, se vocês se amarem uns aos outros" (JOÃO 13:35). Na Bíblia, amar é um verbo. Amar exige ação. Nossas ações amorosas abrem seu caminho para ararmos o coração e a mente das pessoas, revirando o solo, mudando as atitudes delas a respeito de Jesus e Seus seguidores. É neste revirar o solo que o amor de Deus se manifesta por meio de nós. Esse arar faz parte do Seu processo de preparo do coração e mente das pessoas para receber a semente das boas-novas. Como acontece com todo agricultor que quer fazer uma colheita, precisamos saber usar as ferramentas que aram, assim como as que semeiam e colhem. Aplicar o amor de Deus em nossos relacionamentos é arar. Reconhecer quando as pessoas estão prestando atenção, atraídas pelo amor de Deus, revela a prontidão do solo a fim de receber a semente de Deus.

Por favor, entenda: arar não significa que você parou de semear. Campos diferentes são preparados e semeados em momentos diferentes. Arar não substitui o semear. Uma colheita abundante requer arar e semear. Preste bem atenção, não estou defendendo que se pare de lançar sementes. Há muitas ocasiões em que podemos encontrar um taxista ou um balconista — qualquer pessoa que talvez vejamos uma única vez. Se a oportunidade surge, SIM! Compartilhe as boas-novas com essas pessoas que você encontrar. Porém precisamos ter certeza de que Deus é quem está nos incentivando a compartilhar. Jesus, em diversas ocasiões, expressa as palavras de Seu Pai, não as Suas próprias (VEJA JOÃO 8:28,38; 12:49; 14:10; 15:18-20; 17:8). Temos de andar no Espírito de Deus, lembrando que Ele promete falar por nosso intermédio (VEJA MATEUS 10:20). Devemos perguntar a Ele que palavras dizer e em que momento expressar Suas palavras.

Jesus diz: "Abram os olhos e vejam os campos! Eles estão maduros para a colheita" (JOÃO 4:35). A mulher junto ao poço e o povo da cidade dela, Sicar, eram solo já arado — pronto. Deus, à Sua maneira, o tinha preparado para a visita de Jesus. O Senhor não tinha ido até a cidade com os Seus discípulos para conseguir comida, pois tinha ido àquela cidade com outro propósito. Ele não estava apenas "de passagem", pois "era necessário" (EΔEI, JOÃO 4:4) que Jesus fosse até lá. Ele sabia que em Sicar havia pessoas em busca autêntica; as sementes já tinham sido semeadas, agora era o tempo da colheita.

Arar inclui priorizar nosso testemunho por ações ao nosso testemunho por palavras. Nenhum agricultor ara um campo sem a intenção de um dia semear sementes nesse campo. Sim, às vezes o agricultor deixa um campo ficar sem ser cultivado por uma estação, mas sempre com um propósito. Em todos os relacionamentos virá o tempo para compartilhar verbalmente o evangelho, mas devemos, primeiro, compartilhar as boas-novas por meio das nossas ações (VEJA 1 JOÃO 3:18). Precisamos discernir, no Espírito, que solo (coração) precisa ser arado ou adubado ou regado ou semeado. Temos de depender da direção do Espírito e não presumir na carne que todo campo (pessoa) está preparado para a colheita. Pense em seu país. Centenas de milhares de conterrâneos seus se tornaram solo duro — fechados para o evangelho. Será que isso se deve a cristãos bem-intencionados que estiveram semeando na carne? E não no Espírito de Deus?

Ao preparar o solo, há dois arados principais que Jesus e os apóstolos usam para lavrar a terra: amor e oração. As Escrituras deixam claro que oração e amor abrem corações, e isso levará a vidas transformadas: transformação na vida de outros e na nossa. Falaremos mais disso no próximo capítulo, mas por enquanto lembre-se de que arar envolve duas coisas: oração e amor.

> *Vocês ouviram o que foi dito: "Ame o seu próximo e odeie o seu inimigo". Mas eu lhes digo: Amem os seus inimigos e orem por aqueles que os perseguem, para que vocês venham a ser filhos de seu Pai que está nos céus...* MATEUS 5:43-45

Lição 2 — Contextualizar-se não é arar

Destes três personagens principais: o semeador, a semente e o solo, apenas um muda — o solo. Assim, a conclusão lógica é que há quatro tipos de pessoas que ouvem a Palavra de Deus. Pelo menos isso é o que me foi ensinado nos últimos 50 anos. Porém eu creio que o tempo distorceu nossa interpretação das palavras de Jesus. Ele sabe que Seu público está cheio de camponeses que conhecem o trabalho que executam. Por que um semeador, um lavrador profissional e experiente, lançaria sementes em solo duro? Pedregoso? Cheio de espinhos? Há quem diga que a semente apenas foi caindo da bolsa de sementes nesses lugares. Mas insisto, qual agricultor desperdiçaria sementes desse jeito? Isso seria como perder dinheiro por um bolso furado. Certamente, se você percebe que isso aconteceu, você para e pega o dinheiro. Ter um buraco no saco de sementes é a mesma coisa que jogar dinheiro fora.

Precisamos entender que **um bom semeador jamais semearia intencionalmente em solo duro.**

Conheci um fazendeiro em New Hampshire, onde o solo é muito pedregoso. Ele me disse que, nos primeiros anos, ele teve de arar a terra diversas vezes, no outono e na primavera, para tirar as pedras. Cada vez que ele passava o arado, dezenas de pedras vinham para a superfície, então ele voltava e retirava as pedras do terreno. Algumas pedras eram tão grandes que ele precisava do trator para desenterrá-las.

Todo profissional estuda e conhece sua profissão. Na história contada por Jesus, o lavrador com certeza conhecia bem o seu solo. É provável que ele também tenha inventariado as várias fontes de água. No mundo de hoje, os agricultores pesquisam a composição do seu solo para saber que produtos químicos e nutrientes precisam ser acrescentados. Além disso, o agricultor estudará o clima e possivelmente os hábitos migratórios de animais e aves que poderiam afetar sua colheita. O agricultor pode até considerar a melhor época do mercado e ajustar o amadurecimento da safra para quando os preços estiverem em alta. Assim também nós, quando nos preparamos para alcançar os que estão à nossa volta, temos de incluir treinamento nas maneiras em que podemos preparar o solo (as pessoas) para a semente da Palavra de Deus.

Ao treinar pessoas para semear a semente do evangelho, geralmente damos ênfase no domínio de diversas estratégias e ferramentas evangelísticas. Para os que servirão no exterior a ênfase é no aprendizado da língua e na contextualização. Esse treinamento é como o do agricultor que observa o clima, a comunidade, o mercado, mas nunca estudou seu solo. Para estudar o solo, a fim de impactar vidas, precisamos interagir com o solo. Não precisamos simplesmente preparar a nós mesmos e andar no espírito, mas também devemos arar, remover as pedras, irrigar e fertilizar o solo — "sujar as mãos" com pessoas. Temos de arar fundo nos indivíduos com quem Deus nos pôs para viver e trabalhar. Isso exige investir tempo: viver, trabalhar, ser exemplo — ser Jesus para as pessoas ao nosso redor. E o resultado de um bom preparo é que as pessoas veem as nossas boas obras (VEJA MATEUS 5:16), o que faz com que o coração e a mente delas sejam transformados, alterados, estejam abertos e com fome para receber a semente do evangelho.

Contextualização é bom — ela ajuda as pessoas a aceitar que queremos ser parte da cultura e da comunidade delas. Mas contextualização não é amor. Quando eu me visto como as pessoas, organizo minha casa como a delas, como a comida delas e falo a língua delas, eu apenas me encaixo na comunidade. Parece bom. Sinto-me bem. E, de fato, é bom. Mas será que *causa impacto* na vida daqueles que queremos ganhar para Jesus? No fim das contas, a maioria dos missionários que se esforça para contextualizar-se acaba experimentando uma versão do seguinte:

> Outro dia meus amigos muçulmanos, Zul e Hamida, convidaram-me para o Eid el Fitr, seu feriado principal, que é celebrado no fim do ramadá, o mês de jejum deles. Como o nosso Natal, esse é um tempo de festejar em família. Por dois anos eu estava me esforçando para ser aceito e adotado pela comunidade de Zul. Assim, quando ele me convidou à sua casa para celebrar o Eid, foi uma grande honra. Gastei muito para comprar

presentes apropriados para a família e para vestir roupas de festa como as deles. Depois de um tempo de brincadeiras e comida, meu anfitrião puxou-me para o lado e, na frente da sua família e de parentes, muitos dos quais já tinham se tornado meus amigos, ele me disse usando meu nome local: "Pak Panjang, você é um de nós. Você gosta da nossa comida, e você fala bem a nossa língua. Você nos honra com suas roupas e seus presentes; você é mesmo um de nós". Eu estava radiante por dentro. Eu me sentia tão bem. Por dois anos, eu estudei e me esforcei para aprender os costumes dos muçulmanos, meus próximos. Como eu queria ser aceito por eles de modo que vissem Jesus em mim e entendessem que Jesus podia estar neles também! Em silêncio eu estava agradecendo a Deus por aqueles que me ensinaram a importância da contextualização e estava pensando: "A contextualização funciona! Estou tão entusiasmado! Estou tão feliz! Sou realmente visto como um deles!". Então Zul me perguntou: "Pak Panjang, você está preparado para se tornar um muçulmano agora?".

A pergunta foi feita com toda a seriedade, até com amor. Mas me acertou em cheio como uma tijolada, pois eu entendi que Zul, Hamida e todos os meus amigos muçulmanos viam meus esforços para aprender os costumes deles como um sinal de que eu queria abandonar a minha fé, o meu modo de vida, para converter-me à deles! Se meus esforços de contextualização tocaram o coração deles? Se tinham mudado a perspectiva que eles tinham de Jesus? Nem um milímetro.

Contextualização é bom. Beneficiei-me de algumas maneiras como ela me preparou para compreender meus amigos muçulmanos e abriu-me portas para a casa deles. No entanto, ela não fez nada para preparar o coração deles para receber Jesus. Contextualização é bom e importante *para o semeador*, mas tem pouco impacto *sobre o solo*. Acredito que a tarefa que Deus tem para mim é maior do que apenas ser aceito pelo povo onde estou inserido; como Seu embaixador, minha tarefa é conduzir pessoas ao ponto de aceitarem Jesus; que *Ele* viva neles, não eu.

Entenda que há dois tipos de contextualização: a "do trabalhador" e a "do evangelho". A contextualização do trabalhador se refere às coisas que um trabalhador faz para "se encaixar" em uma cultura (roupas, comida, hábitos, frequentar a mesquita etc.). Já a contextualização do evangelho é compartilhar o evangelho na língua deles e discipular as pessoas da maneira que elas (não o estrangeiro) decidem ser culturalmente aceitáveis. Permitir que novos crentes adorem a Deus em suas próprias maneiras pessoais e culturalmente relevantes é uma forma pela qual os novos crentes podem arar a terra em sua própria comunidade.

Como novos crentes podem contextualizar o evangelho se sabem pouco ou nada sobre ele? Na história do homem possuído por uma legião de demônios (VEJA MARCOS 5:1-20), depois de ser curado, ele pede que Jesus o deixe seguir com Ele. Mas Jesus, sabendo que ter um gentio em sua equipe pode não ser a melhor opção, lhe diz: "Vá para casa, para a sua família e anuncie-lhes quanto o Senhor fez por você e como teve misericórdia de você" (MARCOS 5:19). O homem sabia pouco sobre Jesus, mas sabia o que Jesus tinha feito por ele. E Jesus sabia mais uma coisa: aquele homem renascido tinha encontrado Deus, e o homem o sabia. Se nós cremos que, quando alguém vem a Jesus, encontra Deus e recebe Seu Espírito, então o Espírito lhes ensinará a verdade. E se cremos nisso, devemos confiar que o Espírito lhes mostrará como viver o evangelho em seu contexto. Como estrangeiros, a cultura deles nos é estranha. É imprudência, se não arrogância, querermos ensinar-lhes o que eles sabem melhor do que nós. Como isso funcionaria?

Monyel e Atan eram os líderes da primeira igreja que o Senhor nos permitiu plantar na Indonésia. Os dois homens eram pescadores. Viviam em casas simples construídas de tábuas velhas, em palafitas à beira-mar. O mar era seu local de trabalho, banheiro e lixeira. Nenhum dos dois sabia ler ou contar mais do que até dez. Sendo vizinhos e bons amigos, eles se converteram com poucos dias de diferença; o pai de Atan havia os levado a Cristo. Atan foi o primeiro convertido no povoado e era o *bomo* ou curandeiro local. Como não sabiam ler, e não tinham luz elétrica, demos a cada família um toca-fitas a que podiam dar corda. As fitas tinham vários livros do Novo Testamento na língua principal da Indonésia. A cada noite a família se reunia ao redor do lampião a gás e ouvia as boas-novas.

Depois de ouvir duas vezes três dos quatro evangelhos, eles passaram para 1 Coríntios.

Numa das visitas que Noah, meu parceiro malaio, e eu fizemos, Monyel e Atan nos perguntaram:

—Você pode nos explicar o que significa comer o corpo de Jesus? — Eles tinham ouvido sobre isso nos evangelhos, mas agora, ouvindo 1 Coríntios 10 e 11, pediram por mais esclarecimentos. Noah, que também tinha crescido em um povoado rural pobre, tomou a frente.

—O que você quer dizer com isso?

Monyel repetiu:

—Você pode nos explicar o que significa comer o corpo de Jesus?

Atan completou:

—Sim, os cristãos na Malásia e nos Estados Unidos comem o corpo de Jesus? Contem-nos como eles fazem isso.

Noah respondeu:

—Sim, nós comemos o corpo de Jesus, mas Patrick e eu não podemos dizer a vocês como fazê-lo.

Monyel ficou inquieto:

—Por que não? Nós seguimos Jesus; será que não devemos fazer isso?

Noah respondeu tranquilo:

—Sim, se vocês quiserem, podem fazer.

Atan ficou ainda mais inquieto:

—É claro que queremos! Nós amamos Jesus e queremos seguir o Seu caminho.

Monyel insistiu:

—Diga-nos como vocês fazem nas igrejas da Malásia e dos Estados Unidos.

Noah ficou firme:

—Sinto muito, sei como malaios e americanos comem o corpo de Jesus, mas eu não saberia dizer como a tribo do Mar (o povo deles) comeria o corpo de Jesus.

Atan estava ficando irritado:

—Queremos ser como vocês. Queremos seguir Jesus. Queremos ser bons cristãos. Digam-nos o que fazer!

Noah replicou:

—Sim, vocês são bons cristãos, mas vocês têm de seguir Jesus, não Patrick e eu.

Atan ficou claramente desapontado:

—Então, o que fazemos?

Noah explicou:

—Ouçam a fita cassete e perguntem ao Espírito Santo o que fazer.

Noah e eu fomos dormir. Monyel, Atan e dois outros homens ficaram reunidos e ouviram 1 Coríntios e as passagens dos evangelhos diversas vezes. E oraram noite adentro.

Na manhã seguinte passaram a palavra pelo povoado de que todos os crentes deveriam se reunir ao meio-dia para celebrar e comer o corpo de Jesus. Ao meio-dia todos nos reunimos na casa de Monyel. Enquanto os homens e as crianças cantavam e oravam, as mulheres prepararam uma refeição. Fizeram isso porque nos evangelhos é dito: "Enquanto eles comiam".

Quando a refeição ficou pronta, todos se sentaram para comer. Como é costume deles, as mulheres e meninas se sentaram em um lado da sala e os homens e meninos no outro, com a comida no meio. Monyel e Atan ficaram de um lado. Depois que todos tinham comido, Monyel tomou um pedaço de pão e Atan um jarro de chá vermelho e outro jarro vazio, colocando-os de lado. (Eles usaram chá vermelho porque não existe vinho e nem mesmo suco de uva onde eles vivem.)

Em seguida eles anunciaram:

—Agora vamos comer o corpo de Jesus conforme o Espírito Santo nos ensinou ontem à noite.

Primeiro, Monyel tomou um pedaço de pão, segurou-o de um modo que todos pudessem vê-lo e disse:

—Este é o corpo de Jesus. — E explicou a todos: — Comemos o corpo de Jesus como forma de lembrar da vida de Jesus e do Seu sofrimento por nós. — Depois Monyel fez uma oração maravilhosa pedindo perdão e bênçãos para todos ali. Em seguida ele partiu o pão em dois, deu uma mordida e passou a metade que estava em uma mão para as mulheres e a metade que estava na outra mão para os homens. Monyel disse que cada um deveria dar uma mordida e depois passar o pão adiante até que todos comessem. Depois ele pediu para um homem e uma mulher fazerem uma oração.

Depois que todos tinham comido uma porção do pão, Atan tomou o jarro com chá vermelho e o levantou para todos poderem ver:

—Este é o sangue de Jesus. — Ele também fez uma oração pedindo perdão e bênçãos para o povo. E disse a todos:

—Bebemos o sangue de Jesus como forma de lembrar da vida de Jesus e do Seu sofrimento por nós. — Então derramou metade do conteúdo no outro jarro, tomou um gole e passou um jarro para os homens e outro para as mulheres, dizendo para todos tomarem um gole. Por fim, pediu para outro homem e outra mulher orarem. Houve muita alegria e risos após o último "amém". Eles estavam tão felizes e orgulhosos! Mas ninguém estava mais feliz e orgulhoso do que Noah e eu, pois essa tinha sido a primeira ceia da tribo do Mar, e nenhum humano os havia instruído sobre o que fazer. Eles ouviram e fizeram o que o Espírito Santo lhes disse.

Isso foi mais de 30 anos atrás e até hoje eles celebram a ceia assim. Repito que contextualização bíblica não é um estrangeiro mostrando ou ensinando as tradições da fé, mas é permitir que o Espírito Santo guie o povo na formação de práticas obedientes e até de tradições que refletem que foi Deus quem criou as singularidades de cada cultura. Temos de manter nossa fé em Jesus e não em nossas ferramentas e metodologias evangelísticas. Como o gentio endemoninhado que foi liberto, o Espírito Santo pode instruir os crentes tão bem ou até melhor do que um missionário. "...quando o Espírito da verdade vier, ele os guiará a toda a verdade..." (JOÃO 16:13).

Deixe-me repetir e enfatizar: *a contextualização é boa e necessária em qualquer lugar em que você viva e trabalhe*, e especialmente quando trabalha transculturalmente. A contextualização tem valor porque, quando contextualizamos nossa vida, removemos barreiras e preconceitos que as pessoas podem ter contra os cristãos ou nossa cultura cristã ocidental. Ao compartilhar o evangelho, queremos remover todas as barreiras que impedem as pessoas de virem a conhecer Jesus. Aprender a língua e a cultura do povo é extremamente importante, pois mostra respeito e reflete amor por eles. E se estamos vivendo no exterior, nossa roupa, nossa comida, nosso estilo de vida e nossas maneiras de socializar — nossa cultura em geral — podem ser ofensivos. Viver de maneira contextualizada reduzirá as barreiras nos relacionamentos, e isso é bom. No entanto, até hoje, já encontrei dúzias de muçulmanos e budistas que vieram a Cristo, e nenhum deles me disse que veio à fé porque seu amigo cristão se vestiu como eles, adorou como eles e gostou da comida deles. Precisamos discipular os novos crentes a depender de Deus e a receber dele a orientação, não de nós. Nossos modos culturais podem repelir as pessoas de querer saber sobre Jesus; por isso, a contextualização é uma parte necessária para aprender como semear, mas *não é arar*.

Lição 3 — Preparar o solo

OUÇAM! Um bom semeador prepara o solo antes de semear.

Os bons agricultores sabem o que é preparo. Eles compram o melhor equipamento e aprendem a manutenção dele. Eles estudam o solo, encontram fontes de água e conhecem os nutrientes que há na sua terra. Os melhores agricultores preparam primeiro a si mesmo. Mas uma vez que estejam prontos, precisam preparar o solo antes de semear.

"Ouçam"! Jesus nos ensina na parábola: **Um bom semeador prepara o solo antes de semear.**

Pense nisto: Quem prepara o solo para a semente? O próprio solo? Não, o semeador — guiado pelo Espírito. Quem rega? Quem fertiliza? O semeador. O Espírito Santo trabalha por meio do semeador para arar, semear, regar, fertilizar etc. Se Deus nos disse para fazer uma colheita, temos de discernir e estudar os campos em oração. Alguns de nós somos enviados para pessoas que já estão maduras para ser colhidas, enquanto outros são enviados para solo duro. Se um agricultor espera fazer uma colheita em solo duro, pedregoso ou espinhoso, preparar o solo faz parte do seu trabalho. Arar é um dos muitos passos necessários para fazer uma colheita. E arar vem antes de semear. É tarefa do semeador prepara o solo ANTES de lançar qualquer semente.

Muito bem, eu sei que algumas pessoas estão pensando: *Ora, é tarefa de Deus preparar o solo*. Tecnicamente, também é tarefa de Deus converter os perdidos. Então por que se importar em dar testemunho? Paulo nos recorda os processos de Deus ao escrever: "Eu plantei, Apolo regou, mas Deus é quem fez crescer" (1 CORÍNTIOS 3:6). Deus dá o crescimento; nós cuidamos do preparo. Deus se encarrega da semente; nossa responsabilidade é tratar o solo. Essa responsabilidade, Deus deu a mim e a você, não aos anjos. Deus faz a semente crescer por nosso intermédio e conosco. Deus nos usa para preparar o solo. Essa é a tarefa de todo semeador. Se queremos ter uma colheita, precisamos arar antes de semear.

Alguns podem estar questionando: O que dizer dos três textos em que Jesus fala dos campos que já estão prontos para a colheita? (VEJA MATEUS 9:35-37; LUCAS 10:2; JOÃO 4:35). Leia-os! Em Mateus 9, Jesus esteve arando, regando, fertilizando — trabalhando o solo por pelo menos um ano antes desse ensino. Alguém nesses campos tinha respondido aos convites de Jesus? Claramente, não os líderes religiosos. Temos de entender que alguns solos são férteis — já estão maduros para a colheita, prontos para a semente desde o primeiro dia. É evidente que Jonas fez pouco para preparar o coração e a mente dos ninivitas (VEJA JONAS 4:2). É aqui que nossos treinamentos em evangelização precisam ensinar discernimento e como entender os componentes dos vários tipos de solo.

Jesus é um agricultor experiente. Ele preparou a si mesmo e preparou a terra. A semente foi lançada, e a colheita está próxima. O século 21 é nosso momento. É a nossa vez de andar nos passos do nosso Mestre. Contudo, se apenas preparamos a nós mesmos e não o solo, podemos plantar milhares de sementes, mas elas não crescerão nem darão frutos que permanecem.

Leia a parábola do Semeador em Mateus 13. O contexto dessa parábola, em Mateus e em Marcos, é o povo — as pessoas que estão cegas e surdas sobre quem Jesus é. Muitos discípulos de Jesus, tanto naquela época quanto hoje, estão cegos sobre quem Jesus é. Observe que temos apenas alguns poucos lampejos da vida de Jesus. Como resultado, muitas vezes construímos nossas estratégias em torno do que sabemos sobre nós mesmos, e não sobre Jesus — sobre Seu Espírito, e sobre o povo o qual Ele nos chamou.

Esse é o motivo pelo qual vemos Jesus investindo tanto tempo nos doze e nos setenta. Ele está arando diariamente o coração e a mente deles.

Resumo

Antes de irmos aos campos para semear, temos de ir aos campos para arar. Um bom semeador trabalha o solo antes semear. O solo em que você trabalha é duro? Muitos semeiam conscientemente em solo duro e depois culpam Satanás pela falta de resultados. Satanás com certeza nos cria problemas e muitas vezes é a razão pela qual o solo é duro. Porém temos de atentar ao fato de que solo duro demanda arar profundamente, e isso requer esforço — trabalho árduo de nossa parte.

Lembro-me de observar os pedreiros abrirem a calçada de cimento em frente à nossa casa em Hong Kong. Primeiro eles furaram o cimento com britadeiras barulhentas, o que levou quase uma semana. Depois reviraram a terra com picaretas e pás, removendo o entulho. Foi um trabalho muito árduo. Levou semanas para refazer a calçada.

O que precisamos reajustar? O treinamento. Preparar o semeador para semear é muito importante, mas um semeador bem treinado e bem equipado não é páreo para um solo despreparado. Vamos arar fundo!

7

Os dois arados

Ser agricultor parece muito fácil quando seu arado é um lápis e você está a milhares de quilômetros do milharal.
DWIGHT D. EISENHOWER

Depois que você põe a mão no arado, não pode soltar até chegar ao fim do sulco. ALICE PAUL

Ninguém que põe a mão no arado e olha para trás é apto para o Reino de Deus. JESUS CRISTO[39]

Deus chamou muitos de nós para semear e produzir uma colheita em solo duro. Então, o que Jesus está nos ensinando sobre fazer uma colheita de cem por um em solo duro? Ele está nos instruindo que, antes de semear, o solo duro

---

[39]Lucas 9:62

precisa ser sulcado e preparado para receber a semente. Para isso é necessário arar. Em termos espirituais, há principalmente dois arados que Deus nos deu para abrir solo duro, pedregoso e espinhoso. O primeiro é *oração*, o segundo é *amor*.

Temos de arar em *oração* e arar em *amor* — amor e oração cheios do Seu Santo Espírito. Esses dois arados são essenciais. Como uma espada de dois gumes em nossas mãos e potencializados pelo Espírito de Deus, esses arados penetram na alma e no espírito, em juntas e medulas, transformando os pensamentos e as atitudes do coração das pessoas (VEJA HEBREUS 4:12). Um arado só não é suficiente. Os dois arados são essenciais para abrir solo duro, remover pedras e arrancar espinhos e ervas daninhas. Deus nos dá dois arados: o primeiro abre o solo, o segundo o revira. O solo, o coração das pessoas, precisa ser aberto. O primeiro arado faz isso. Depois que o solo foi aberto, ele precisa ser revirado para trazer novos nutrientes à superfície, que sustentarão a semente. Além disso, revirar o solo enterra as ervas daninhas e as faz decompor-se e morrer.

Lição 4 — Os dois arados

Arado 1: ORAÇÃO

Muitos ensinos de Jesus esclarecem a necessidade da oração, e nenhum é mais claro do que o que está registrado em Marcos 9.

> *Quando chegaram onde estavam os outros*
> *discípulos, viram uma grande multidão ao redor*

*deles e os mestres da lei discutindo com eles. [...]
Perguntou Jesus: "O que vocês estão discutindo?".
Um homem, no meio da multidão, respondeu:
"Mestre, eu te trouxe o meu filho, que está com
um espírito que o impede de falar. Onde quer
que o apanhe, joga-o no chão. Ele espuma pela
boca, range os dentes e fica rígido. Pedi aos teus
discípulos que expulsassem o espírito, mas eles
não conseguiram". Respondeu Jesus: "Ó geração
incrédula, até quando [...] terei que suportá-los?
Tragam-me o menino". Então, eles o trouxeram.
Quando o espírito viu Jesus, imediatamente causou
uma convulsão no menino. [...] Jesus perguntou ao
pai do menino: "Há quanto tempo ele está assim?".
"Desde a infância", respondeu ele. [...] "Mas, se
podes fazer alguma coisa, tem compaixão de nós e
ajuda-nos". "Se podes?", disse Jesus. "Tudo é possível
àquele que crê". Imediatamente o pai do menino
exclamou: "Creio, ajuda-me a vencer a minha
incredulidade!".* MARCOS 9:14-24

Aqui vemos um homem que provavelmente é solo pedregoso ou espinhento. Seu interesse mostra que ele não é solo duro, mas a resposta de Jesus nos diz que ele precisa ser arado, regado, fertilizado, cuidado. Sabemos isso por causa da falta de fé do homem. Ele obviamente ouviu do poder de Jesus e possivelmente até o viu fazer outros milagres. No entanto, quando esse homem se achega aos discípulos de Jesus, ele se depara com evidências da falta de fé dos discípulos. A fé do homem continua fraca porque a fé deles era fraca — ambos ainda eram solos cheio de espinhos. Em minha experiência, a incredulidade geralmente é forte na presença de um demônio.

E agora, como Jesus faz para arar? Ele começa com FÉ. CRER. *Tudo é possível àquele que crê*. E como a fé é aplicada?

> *Quando Jesus viu que uma multidão estava se ajuntando, repreendeu o espírito imundo, dizendo: "Espírito mudo e surdo, eu ordeno que o deixe e nunca mais entre nele". O espírito gritou, agitou-o violentamente e saiu. O menino ficou como morto [...] Mas Jesus tomou-o pela mão e o levantou, e ele ficou em pé. Depois de Jesus ter entrado em casa, seus discípulos lhe perguntaram em particular: "Por que não conseguimos expulsá-lo?". Ele respondeu: "Essa espécie só sai pela oração…".* MARCOS 9:25-29
> — ÊNFASE ADICIONADA

Jesus também estava arando a vida de Seus discípulos e da multidão, e Ele estava trabalhando profundamente. Ao fazer isso, Ele enfatiza o arado da oração. Somente estar perto de Jesus não é suficiente; também não é suficiente crer no poder de Cristo e ter desejo de ser salvo. *O que é necessário* é uma vida de oração: ouvir a vontade de Deus e crer que Ele agirá. A fé genuína não é apenas acreditar que Jesus é o Cristo, mas também crer que Ele recompensa os que o buscam com sinceridade (VEJA HEBREUS 11:6). Jesus está arando Seus discípulos por causa da falta de fé deles. Se você quer ver Deus agindo, ore!

Sabemos que "a fé é a certeza daquilo que esperamos e a prova das coisas que não vemos" (HEBREUS 11:1), e que "sem fé é impossível agradar a Deus" (HEBREUS 11.6). Você só crê realmente naquilo que o impulsiona. "...eu ordeno que o deixe e nunca mais entre nele" (MARCOS 9.25). Quer dizer que a fé é um dos arados que Deus usa para abrir solo duro? Não! A fé é um precursor. Fé é oração aplicada. A oração é necessária para firmar a fé e é essencial para ter um relacionamento íntimo com Deus. O primeiro arado que temos de usar, se queremos abrir o solo duro, é a oração. Devemos lembrar uns aos outros da necessidade de "orar sempre e nunca desanimar" (LUCAS 18.1).

Essa oração não é simplesmente do tipo "Deus abençoe você". É uma oração intercessória, é um unir-se a Deus pedindo que a vontade dele seja feita, primeiro *em nossa* própria vida e depois *por meio* da nossa vida. É uma oração que cura os que sofrem — física, emocional e espiritualmente. É uma oração que bloqueia a obra de Satanás aqui na Terra. É uma oração que nunca cessa. É uma oração que transforma nossa própria vida, potencializando a presença de Deus em nós para alcançar a vida de outros mediante a simples obediência. A oração é o canal para a graça e o amor de Deus fluírem em nossa vida e por nosso intermédio, atraindo outras vidas a Jesus.

A chave para abrir o coração das pessoas está na mão de Jesus, e essa chave é a ORAÇÃO. A oração intercessória necessita que haja um relacionamento íntimo com Jesus. Toda oração pressupõe comunhão com o Rei dos reis. A chave para alcançar os perdidos *não* se encontra em estratégias, metodologias, formação, nem mesmo em ferramentas evangelísticas. A chave está na ORAÇÃO, está em pedir "ao Senhor da colheita" (MATEUS 9:38).

Para muitas pessoas, a oração não parece ser algo prático; ela é absurda. Precisamos entender que a oração parece tolice da perspectiva do simples senso comum (VEJA 1 CORÍNTIOS 2:14; 3:19). Por vezes nos ocupamos com tarefas — trabalho ativo — quando o que precisamos é oração para sulcar o solo duro. Gastamos o tempo que é do nosso Senhor com atividades superdimensionadas quando o que precisamos é de oração. Entenda, somos chamados para pertencer a Jesus. Não estamos acima do nosso Mestre: não cabe a nós ditar a Jesus o que Ele precisa fazer. É importante lembrar de que o nosso Senhor nos chama antes de tudo para Ele mesmo, e não para um trabalho específico. Toda oração nos levará a uma vida com Jesus.

O primeiro arado, necessário para sulcar o chão duro, é a ORAÇÃO.

Arado 2: AMOR

Em todo o Novo Testamento vemos que um segundo arado é necessário para sulcar o solo duro.

Veja, quando perguntaram a Jesus: "'Mestre, qual é o maior mandamento da Lei?'. [Ele respondeu]: 'Ame o Senhor, o seu Deus de todo o seu coração, de toda a sua alma e de todo o seu entendimento'. Este é o primeiro e maior mandamento. E o segundo é semelhante a ele: 'Ame o seu próximo como a si mesmo'. Destes dois mandamentos dependem toda a Lei e os Profetas" (MATEUS 22:36-40).

O mandamento que inquestionavelmente é o maior — e também o segundo — é amar: amar a Deus e amar as outras pessoas. Amar a Deus é a maior coisa que podemos fazer na vida, e a segunda maior é amar o próximo como a nós mesmos. A Lei e os Profetas dependem do AMOR.

Jesus nos diz que as pessoas saberão que somos Seus seguidores pelo nosso AMOR: "Um novo mandamento dou a vocês: Amem-se uns aos outros. Como eu os amei, vocês devem amar-se uns aos outros. Com isso todos saberão que vocês são meus discípulos, se vocês se amarem uns aos outros" (JOÃO 13:34-35). E como amamos as outras pessoas? João, o discípulo que Jesus amava, nos exorta: "Filhinhos, não amemos de palavra nem de boca, mas em ação e em verdade" (1 JOÃO 3:18). A Nova Bíblia Viva esclarece: "Filhinhos, deixemos de apenas dizer que amamos as pessoas; vamos amá-las realmente, e mostrar isso pelas nossas ações". Amor é ação, e não meras palavras. Sentir amor e dizer "eu amo você" é bom e bonito, mas amor de verdade envolve ações e não apenas palavras. Por exemplo, um pretendente pode dizer à sua amada mil vezes por dia que a ama, mas se as ações dele não demonstram isso, ela acreditará nele?

Observe, Lucas narra que João Batista enviou dois discípulos para perguntar a Jesus: "És tu aquele que haveria de vir ou devemos esperar algum outro?" (LUCAS 7:19). Jesus não responde com demonstrações do Seu grande conhecimento das Escrituras; Ele também não relembra os discípulos de João da pomba que desceu sobre Ele na ocasião em que fora batizado. Jesus simplesmente disse aos mensageiros: "Voltem e anunciem a João o que vocês viram e ouviram: os cegos veem, os aleijados andam, os leprosos são purificados, os surdos ouvem, os mortos são ressuscitados..." (v.22). O Senhor os instrui a dizer a João: "O que vocês me viram e ouviram FAZER". O evangelho não são meras *palavras* escritas ou faladas, e mesmo assim tanto do que somos ensinados sobre semear o evangelho tem a ver com pregação ou proclamação. Pregar e proclamar faz parte da estratégia de Deus para alcançar pessoas, mas amor é a Sua estratégia suprema. O amor é crucial para testemunhar de Cristo conforme planejado por Deus, e o amor exige ação. Ver é crer. As pessoas são mais propensas a crer no que veem e menos inclinadas a acreditar no que lhes é dito. É mais provável que as pessoas confiem em nossas ações — o que geralmente reflete nossas intenções — do que em nossas palavras sem comprovação. Tiago concorda com isso, pois escreveu: "...a fé, por si só, se não for acompanhada de obras, está morta. Mas alguém dirá: 'Você tem fé; eu tenho obras'. Mostre-me a sua fé sem obras, e eu lhe mostrarei a minha fé pelas obras" (TIAGO 2:17-18).

Certo obreiro mais jovem, enviou-me um e-mail com o seguinte relato:

"Semana passada eu estava fazendo a avaliação trimestral com um de nossos *designers*, e uma das coisas que ele me disse foi: 'Chefe, você tem de ser um pouco mais rude comigo, nem que seja só um pouquinho'. Eu lhe perguntei: "O que você quer dizer com isso?". Ele então explicou que não há outros chefes no Paquistão que tratam os empregados como eu trato. 'Você é muito bonzinho!', ele declarou. Ele estava preocupado que, se um dia deixasse de trabalhar para mim, não estaria preparado para trabalhar sob as ordens de um chefe severo. Isso nos levou a uma conversa de uma hora sobre o porquê, visto que depois do que Deus fez comigo, eu nunca mais poderia ser um chefe 'malvado'. Compartilhei com ele como o próprio Deus é um Deus amoroso, bondoso e compassivo afirmando-lhe o seguinte: 'Deus não está interessado em censurar você, ou usar você, mas sim em ter um relacionamento pessoal com você'."

Palavras são importantes e têm impacto, mas ações que corroboram nossas palavras são poderosas. O apóstolo Paulo escreveu: "...o Reino de Deus não consiste em palavras, mas em poder" (1 CORÍNTIOS 4:20) e também: "...o nosso evangelho não chegou a vocês somente em palavra, mas também em poder, no Espírito Santo e em plena convicção. Vocês sabem como procedemos entre vocês, em seu favor" (1 TESSALONICENSES 1:5). Jesus nos ensinou que nosso amor é a chave para conquistar pessoas para Ele. E sobre o amor, o apóstolo Paulo ensina:

> *O amor é paciente, o amor é bondoso. Não inveja,*
> *não se vangloria, não se orgulha. Não maltrata,*
> *não procura seus interesses, não se ira facilmente,*
> *não guarda rancor. O amor não se alegra*
> *com a injustiça, mas se alegra com a verdade.*
> *Tudo sofre, tudo crê, tudo espera, tudo suporta.*
> 1 CORÍNTIOS 13:4-7

Quando somos pacientes, bondosos, protetores, perseverantes — aplicando o amor em nossa vida e trabalho diários, as pessoas ao nosso redor reconhecem que somos diferentes. Paulo viveu e trabalhou entre pessoas demonstrando o amor de Deus e isso enterneceu o coração deles e os preparou para receber com anseio a mensagem do evangelho.

Queremos ver pessoas transformadas pelo poder do evangelho. Mas uma vida transformada exige um coração transformado. Ou, como Jesus disse: "É necessário que vocês nasçam de novo" (JOÃO 3:7). O coração renasce ao experimentar o amor de Deus e compreender que Jesus é a personificação desse amor. A experiência e a compreensão permitem que a pessoa escolha render-se a Jesus, para que Ele a faça renascer. A experiência do amor de Deus provém de ela ver e interagir conosco — nós que personificamos o amor de Jesus. A compreensão vem quando explicamos a ela verbalmente quem é Jesus, e ela se interessa por saber mais. Experimentar e compreender o amor de Deus costuma levar tempo.

Seja paciente ao propagar a verdade do evangelho e ao contar a história sobre Jesus. Seja paciente ao compartilhar seu testemunho. Seja paciente ao ser exemplo de fé, amor, graça e perdão, em nome de Jesus, para aqueles com quem você vive e trabalha. Não se apresse enquanto ara, com as boas-novas, a vida das pessoas e exemplifica o amor de Jesus. Ouvidos se abrirão quando ouvirem as palavras de Jesus por seu intermédio. Corações se abrirão quando virem a vida de Jesus por meio da sua. Em outras palavras, propague a verdade na vida das pessoas e viva a sua fé. Com o coração aberto as pessoas podem ouvir a Palavra de Deus. Poucas pessoas são trazidas ao Reino com argumentos ou discussões. Quando as pessoas *virem* o evangelho, elas *darão ouvidos* ao evangelho.

A anedota a seguir é uma ilustração simples da nossa ampliada habilidade de confiar e crer baseada no *ver é crer*. Faço com frequência escala no aeroporto de Detroit, e dentro do terminal tem diversas e enormes telas de televisão. Quando o canal de vendas (QVC) está sintonizado, muitas vezes, há um rapaz barbudo vendendo produtos, e um dos favoritos dele parece ser um conjunto de facas de cozinha. Eu o observei várias vezes pegar uma das facas e cortar um punhado de cenouras com pouco ou nenhum esforço. Cada vez que eu o assistia, eu pensava: "Ora veja. Essa faca desliza com tanta facilidade por um punhado de cenouras. Deve ter alguma mutreta aí". Pouco depois de um desses episódios eu estava visitando um amigo em Louisiana. Ofereci-me para ajudar a esposa dele a preparar o jantar, enquanto ele trocava de roupa. Ela me deu uma faca e um punhado de cenouras e pediu-me para fatiá-las. Peguei a faca e avancei com tudo sobre as cenouras, e a faca passou por elas como se fossem manteiga mole. Surpreso, eu exclamei: "Uau! Onde você conseguiu essa faca?!". Ela respondeu: "Ó, eu a comprei pelo canal de vendas QVC. É uma daquelas que o rapaz barbudo vende". Adivinhe o que fiz da próxima vez que passei pelo aeroporto de Detroit? Anotei o contato para comprar a tal da faca. Ver é crer.

Paulo considerou os bereanos de caráter mais nobre do que os outros judeus na Grécia porque eles estudavam e examinavam as Escrituras todos os dias para ver se o que o apóstolo dizia era verdade (VEJA ATOS 17:11). Quero encorajar você a estudar a vida de Jesus. Durante o Seu ministério, Jesus raramente falou do Reino de Deus sem demonstrar primeiro Sua autoridade mediante um milagre ou um ato de amor.

Sem dúvida, o segundo arado necessário para sulcar o solo duro é o AMOR.

Ver é crer

Pessoas de culturas, contextos ou nacionalidades diferentes costumam usar as palavras de modos diferentes. Isso com frequência leva a um entendimento equivocado dos conceitos bíblicos. Ações falam mais alto que palavras. Se queremos usar o arado do amor, precisamos ter relacionamentos contínuos com pessoas. A interação pessoal cria oportunidades para o amor de Deus penetrar as muitas camadas da mente e do coração de uma pessoa. Para uma pessoa compreender o amor ela precisa ver e experimentá-lo. As pessoas podem *ver* o amor de Cristo em Seu cuidado por nós e em nosso cuidado pelos que estão ao nosso redor. Elas podem *experimentar* o amor dele quando nos importamos com elas e com os que elas amam. As pessoas podem *compreender* o amor de Jesus quando tiramos do caminho as definições de amor da nossa cultura e permitimos Jesus usar nossas ações, copiadas dele, para revelar o Seu amor no contexto delas. Muitas vezes presumimos que a concepção delas sobre perdão, graça e amor é a mesma que a nossa, mas geralmente não é. Sendo assim, é por isso que as ações — sacrificiais, amorosas, inspiradas por Jesus — são muito mais importantes do que palavras. Como costumamos dizer, *ver é crer*.

Você lembra da Sue (capítulo 2), a administradora das minhas empresas? Diversas vezes, durante os primeiros três anos, quando me via aplicar graça ou perdão ao trabalho de alguém, ela comentava: "Ó, então isso é o que você chama de graça". Ou: "A perspectiva que vocês têm de perdão é diferente da nossa; eu nunca pensei no perdão nesses termos antes". Ver é crer.

Precisamos encarnar o evangelho — dar-lhe substância — antes de proclamá-lo. Devemos liderar pelo exemplo bíblico e demonstrar a bondade de Deus em nossa vida diária. O Dr. Herbert Kane ensinava o poema abaixo aos seus alunos quando era professor na *Trinity Evangelical Divinity School*:

A cada dia, você escreve um capítulo do evangelho
da salvação,
Pelas coisas que você faz e em cada palavra
sua proferida.
As pessoas leem o que você escreve, estando certo
ou não.
Como o evangelho é definido por meio do seu
modo de vida?[40]

Em outras palavras, a humildade é um componente importante para demonstrar o evangelho. Drew, proprietário de uma empresa em um país muçulmano fundamentalista, escreve:

Semana passada fui ao centro da cidade pegar alguns documentos que eu precisava para solicitar meu visto. Estacionei na rua em que costumo parar quando vou à cidade, em uma vaga no meio de uma longa fila de carros estacionados. Depois que consegui o que precisava, voltei para o carro e deparei-me com um proprietário zangado dizendo que eu não podia estacionar na frente da sua loja. Eu percebi que ele queria começar uma discussão, e uma

---

[40]Poema atribuído a Paul Gilbert. Memorizei-o no seminário. Tradução livre.

multidão estava se formando para ver o que esperavam ser uma boa briga. Então eu lhe disse calmamente que não havia placa alguma indicando tal proibição, que ninguém tinha me avisado, e que em toda a rua havia carros estacionados. Saí dali e, enquanto dirigia, logo notei que ele tinha esvaziado um dos meus pneus. Tive de parar no meio do movimento, num dia bem quente, e trocar o pneu. Como você pode imaginar, eu estava um pouco frustrado e irritado com o dono da loja. No entanto, antes de voltar para o escritório tive que parar e sondar minhas emoções. Deus me ensinou durante os últimos anos que eu precisava estar atento às minhas emoções, pois elas são o barômetro do meu coração. Tive de me arrepender e realinhar o coração. Também senti que Deus estava me dizendo que eu não podia simplesmente perdoar o homem, mas que tinha de fazer algo mais e abençoá-lo. Parecia estranho, mas decidi que eu compraria um cone para ele poder colocar na frente da sua loja. Eu queria demonstrar claramente que, apesar de ele ter agido mal comigo, Deus queria que eu fizesse o bem e o abençoasse. Comentei esse plano com um dos meus funcionários e pedi que ele me ajudasse. Quando meu funcionário ouviu o que tinha acontecido e o que eu sentia que deveria fazer, ele ficou impressionado e me disse: "Drew, nossa religião ensina muitas coisas sobre perdoar pessoas e fazer o bem aos outros, mas quando estou em casa conversando com minha família, eu lhes digo que nós ensinamos a fazer o bem, mas só vocês cristãos o fazem". Pude compartilhar com o meu funcionário que consigo agir com graça por causa da graça que Deus me concedeu. Somente depois de realmente entendermos a graça de Deus é que podemos perdoar e até mesmo amar os que nos odeiam. No dia seguinte, quando fomos visitar o lojista para lhe dar o cone, foi o meu funcionário quem, todo entusiasmado, explicou ao dono da loja e às pessoas que se juntaram ali (elas achavam que eu podia ter voltado para ter aquela briga que não tivemos no dia anterior por conta do meu pneu sem ar) que queríamos abençoar em vez de brigar e que, embora aquela não fosse a maneira normal de eles fazerem as coisas, talvez era assim que deveriam ser.[41]

Outro evangelista me contou a história de como ele foi denunciado à polícia pelos vizinhos por ele violar as leis anticonversão. Depois de ter sido solto da prisão, ele pensou em um plano para começar um pequeno negócio que ajudaria as famílias que o tinham traído. Dessa maneira, ele pôde investir tempo mentoriando os jovens em sua comunidade. Os mesmos líderes que tinham pedido que a polícia o prendesse vieram perguntar por que ele continuava demonstrando-lhes perdão. Ele respondeu: "Deus me enviou aqui para ser bênção para todos vocês e manifestar o Seu amor. Vocês podem me matar se quiserem, mas eu tenho de obedecer ao que Ele me diz para fazer". Seus perseguidores agora frequentam um grupo de crentes que ele lidera. Compartilhar as boas-novas é maravilhoso. Viver o evangelho em nossas ações é poderoso!

---

[41]Carta pessoal de oração.

Arar com qualidade exige tempo

Tenho diversos amigos fazendeiros que me confirmaram que arar é um trabalho mais árduo do que colher. Arar um terreno duro leva tempo. Arar um coração duro leva tempo *e* esforço. No livro *Outliers*[42], o autor Malcolm Gladwell divulga sua interessante pesquisa. Ele descobriu que se leva em torno de 10.000 horas de prática para dominar uma habilidade. Dominar uma língua? Dez mil horas. Uma habilidade profissional? Dez mil horas. Um relacionamento? Dez mil horas. A pesquisa de Gladwell prova que tempo é um elemento essencial para o sucesso de qualquer empreendimento. Invista 10.000 horas em uma habilidade e é provável que você se torne um especialista nela. Paulo se refere a isso em 1 Coríntios 3:10 quando diz que é um "sábio construtor", experiente. Ele investiu o tempo necessário para impactar vidas para Jesus.

Nove anos atrás, uma organização missionária que trabalha em regiões majoritariamente muçulmanas fez uma pesquisa para determinar quantas horas por semana seus integrantes estavam passando com muçulmanos. A pesquisa mostrou que, em média, seus obreiros ou "missionários" passavam de três a cinco horas por semana com muçulmanos, e esse tempo era dividido entre diversos amigos muçulmanos. Para simplificar, imaginemos que as cinco horas por semana eram dedicadas a apenas um deles. Em um ano, isso representaria 260 horas. Considerando

---

[42] *Fora de série — Outliers: Descubra por que algumas pessoas têm sucesso e outras não* (Ed. Sextante, 2008).

um mês de férias, levará mais de 41 anos para chegarmos a 10.000 horas com *um* amigo muçulmano. É claro que Deus pode interferir e efetuar um milagre na vida e no coração de qualquer pessoa em qualquer momento, mas em meus 37 anos vivendo no exterior, testemunhei apenas quatro vezes um muçulmano entregar a vida a Jesus como resultado de um desses milagres.

Agora compare a abordagem missionária tradicional de cinco horas semanais com a estratégia empresarial ou profissional. No local de trabalho geralmente trabalhamos pelo menos seis horas por dia ao lado de habitantes locais, cinco dias por semana. Multiplicando isso por 48 semanas ao ano, levará pouco menos de 7 anos arando para chegar a 10.000 horas, o que é uma possibilidade maior de se chegar ao resultado desejado. Por isso, com o propósito de passar 10.000 horas com pessoas (seja em casa ou no exterior) — a fim de ter o tempo necessário para arar — procuremos um emprego e trabalhemos ao lado de pessoas que somos chamados a alcançar. Também podemos abrir um negócio e gerar empregos para elas, o que nos dará oportunidades de compartilhar e demonstrar a verdade das boas-novas. *Isso é arar*. Isso é semear na vida das pessoas. Isso é se tornar um "sábio construtor" como Paulo (VEJA 1 CORÍNTIOS 3:10).

Arar e semear o evangelho na vida das pessoas leva tempo. A maioria das empresas B4T em que trabalhei viram fruto na forma de crentes batizados — o interessante, é que isso geralmente ocorre entre seis e oito anos. Dito isso, a regra das 10.000 horas não é a ferro e fogo. É apenas um ponto de referência. É algo que observei, e que tem a intenção de nos encorajar: o alvo é estabelecer relacionamentos.

Em lugar algum das Escrituras é dito que veremos infalivelmente o fruto em 7 anos ou 10.000 horas. Isso são simplesmente referências para nos encorajar a perseverar, a permanecer na lavoura de Deus, a avançar, a arar.

Confesso que, durante anos, eu conscientemente lancei sementes em solo duro, orando e esperando em Deus para fazer uma colheita. E por décadas culpei Satanás pela falta de resultados. E apesar de Satanás certamente contribuir com a questão, o verdadeiro problema era eu. Eu não tinha entendido que solo duro exige um arar profundo: derramar-me na vida dos que estão sem Jesus, a fim de que, por meu intermédio, eles experimentem Seu amor e graça por si mesmos.

Entendido isso, nossa prioridade deveria ser encontrar grandes períodos para aqueles que estamos tentando alcançar. O objetivo de investir mais tempo com pessoas é aumentar a probabilidade de eles verem e ouvirem o evangelho na e por meio da nossa vida. Podemos fazer isso com **trabalho**, mas não apenas com as obrigações que cumprimos com nosso corpo físico. Se permitirmos ao Espírito de Jesus agir por nosso intermédio, nosso trabalho se tornará ADORAÇÃO, ou *avodah* — a integração de fé e trabalho.

Paulo escreve à igreja em Corinto: "Minha mensagem e minha pregação não consistiram em palavras persuasivas de sabedoria, mas em demonstração do poder do Espírito, para que a fé que vocês têm não se baseasse na sabedoria humana, mas no poder de Deus" (1 CORÍNTIOS 2:4-5). Nosso trabalho não é uma questão de metodologias ou ferramentas; é uma questão de demonstrar o poder de Deus. A regra das 10.000 horas é simplesmente um encorajamento para prosseguirmos. Estratégias, ferramentas e diretrizes são úteis, mas ao reajustar a missão, essas ideias e metodologias podem ser perigosas. Elas nos tentam a depender do nosso próprio esforço, dos nossos pensamentos e das nossas ideias, em vez das de Jesus. Temos de usar, para calibrar, a ferramenta mais poderosa que Deus nos deu como suas testemunhas: o **AMOR** sacrificial, potencializado pelo Espírito Santo (VEJA JOÃO 13:35).

Pregar e proclamar

Se você parar e refletir sobre a parábola do Semeador, a interpretação comumente aceita parece ilógica. Quando vemos como Jesus explica todas as outras parábolas, podemos concordar facilmente: "Sim, é exatamente assim que acontece na vida real". Mas a parábola do Semeador se desvia desse padrão, pois não faz sentido alguém que planta cereais para viver jogar intencionalmente sementes no caminho.

Por causa dessa aparente confusão, é provável que esse seja o motivo pelo qual esta é uma das poucas parábolas que Jesus explica aos Seus discípulos. Muitos interpretam a explanação de Jesus como se Ele estivesse dizendo algo assim: "Vejam, vocês vão espalhar a mensagem, mas apenas em algumas pessoas ela vai lançar raízes de verdade e se multiplicar. A princípio, muitas pessoas responderão de modo positivo, mas não permanecerão firmes". Contudo leia a parábola novamente e preste muita atenção na explicação de Jesus. Analise Suas palavras não apenas nesta parábola isoladamente, mas no contexto de todos os outros ensinamentos do Senhor.

> *Portanto, ouçam o que significa a parábola do semeador: Quando alguém ouve a mensagem do Reino e não a entende, o Maligno vem e arranca o que foi semeado em seu coração. Esse é o caso da semente que caiu à beira do caminho. Quanto à semente que caiu em terreno pedregoso, esse é o caso daquele que ouve a palavra e logo a recebe com alegria. Todavia, visto que não tem raiz em si mesmo, permanece pouco tempo. Quando surge alguma tribulação ou perseguição por causa da palavra, logo a abandona. Quanto à semente que caiu no meio dos espinhos, esse é o caso daquele que ouve a palavra, mas a preocupação desta vida e o engano das riquezas a sufocam, tornando-a infrutífera. E, quanto à semente que caiu em boa terra, esse é o caso daquele que ouve a palavra e a entende, e dá uma colheita de cem, sessenta e trinta por um.* MATEUS 13.18-23

"As pessoas quando apresentadas ao evangelho reagem a ele de maneiras diferentes. Inicialmente, isso é verdade em especial no exterior, visto que no início muitas pessoas responderão de modo positivo, mas na realidade não conseguirão perseverar." É assim que gostamos de ler essa parábola, possivelmente para podermos nos sentir bem com nossos fracassos ou encontrar desculpas para nossos pecados, desobediência e inépcia na evangelização. Todavia, no contexto das Escrituras, Jesus não está nos oferecendo uma racionalização do motivo pelo qual nem sempre temos uma colheita quando lançamos sementes.

Observe que do solo duro Satanás arrebata a semente, no solo pedregoso a semente morre por falta de raízes ou profundidade/maturidade/perseverança, e no solo cheio de espinhos a semente morre pelas tentações do mundo ou por distrações quando a pessoa prioriza a si mesma e não Deus. Jesus está explicando que é isso o que acontece quando semeamos nesses tipos de solo. Aquele que "faz uma boa colheita" é o que semeia "em solo bom" (VEJA MARCOS 4:8; LUCAS 8:8). A conclusão, então, é que um bom semeador, um semeador profissional, jamais desperdiçaria sementes nesses outros três tipos de solos, já que apenas o último é "bom". Afinal de contas, quem semearia boas sementes em solo ruim?

Veja este exemplo, descrito por Bethany Lowndes: suponhamos que você trabalha para mim. Eu lhe entrego um saco de sementes e digo: "Faça o melhor que pode para plantá-las e depois me traga o que colher". Você decide fazer um buraco no saco e deixa as sementes caírem à vontade enquanto você anda pelos estábulos, pelo caminho, pelo quintal e pelo campo. Então, nas semanas seguintes, andando por esses lugares você nota pequenas plantas brotando que podem ser as suas sementes; você limpa o espaço ao redor delas e as rega na esperança de que crescerão. No fim da estação, você caminha por lá a fim de colher o que possa ter sobrevivido. Como você acha que eu, seu chefe, vou reagir à ínfima colheita que você me traz? "Seu tolo! Isso é terrível!" Eu estaria coberto de razão em reagir dessa forma. Em Mateus 25, Jesus descreve a reação de um patrão ao servo que não fez render o dinheiro que lhe fora confiado: "Servo mau e negligente!" (v.26), e o expulsa de sua propriedade. Será que nosso patrão celestial ficará zangado conosco por termos sido negligentes com as sementes que Ele nos confiou?

A parábola do Semeador claramente ressalta o solo bom. Em toda a Bíblia ficamos sabendo que Deus é bom e que Suas ações são boas. Por isso, solo "bom" deve ser o solo de Deus. Em Sua explicação aos discípulos, Jesus esclarece o que é solo bom ou de Deus: o solo humoso, sem pedras, livre de espinhos.

Ao declarar Sua missão no mundo, Jesus afirma:

O Espírito do Senhor está sobre mim, porque ele me ungiu para pregar boas-novas aos pobres. Ele me enviou para proclamar liberdade aos presos e recuperação da vista aos cegos, para libertar os oprimidos e proclamar o ano da graça do Senhor.
LUCAS 4.18-19

Há quem entenda esse texto metaforicamente, mas Jesus realmente libertou prisioneiros de pecado e doenças. Ele abertamente deu vista aos cegos. Ele literalmente libertou os oprimidos.

Ao estudarmos a vida de Jesus, é notório que Ele sempre realizou milagres ou compartilhou algum entendimento maravilhoso ao proclamar o Reino de Deus (VEJA MATEUS 11:23; LUCAS 10:13; 19:37). Ele validou Sua autoridade demonstrando o poder de Deus que havia nele. Ele impressionou as pessoas com Suas palavras (VEJA MATEUS 7:28-29; 13:34; MARCOS 2:12; 15:5; LUCAS 20:26) e Suas atitudes (VEJA MARCOS 6:2; LUCAS 4:36; 19:37). Ao proclamar o Reino de Deus, Jesus utilizou a autoridade e o poder de Deus. Creio que é seguro dizer que os apóstolos fizeram a mesma coisa no ministério deles. Paulo escreve à igreja em Roma dizendo que um dos motivos pelos quais ele ansiava vê-los era para compartilhar com eles "algum dom espiritual" (ROMANOS 1:11). Diversas vezes, no livro de Atos, é relatado que, primeiro, mediante a manifestação do poder do Espírito Santo, e, em seguida, por meio das palavras dos discípulos de Jesus, pessoas eram conduzidas ao Reino (VEJA ATOS 2:1-41; 8:13; 19:11).

Para os discípulos, pregar e proclamar o evangelho incluía demonstrar o poder de Jesus e realizar milagres. E nas pregações e proclamações de hoje, incluímos essas coisas? Com atos como esses, Jesus abre o coração e a mente das pessoas primeiro — isso é arar, preparar o solo — para então lançar a semente. Sim, nem todo mundo recebe a semente cada vez que Jesus semeia, mas toda vez que Jesus semeia pessoas respondem a isso, o que significa que Ele se concentra em solos que estão prontos para a semente. A partir disso, podemos concluir que os outros solos exigirão mais aração, fertilização e irrigação. Preparar o solo é tarefa nossa, não de Deus. Antes de sairmos pelo mundo a fim de semear a semente de Deus, precisamos dar mais atenção ao preparo do solo — arando-o.

Resumo

O que precisa ser recalibrado? Precisamos ensinar as pessoas a arar. Podemos revirar a terra e deixar o terreno duro, pedregoso e espinhoso preparado para a semente do evangelho de Deus, entrelaçando a oração constante com o amor demonstrado em nossa vida diária. Nenhum solo é páreo para estes dois arados: oração e amor.

O apóstolo Paulo afirma que as pessoas saberão que somos seguidores de Jesus por nosso amor e não pela eloquência de nossas palavras.

Eu mesmo, irmãos, quando estive entre vocês, não fui com discurso eloquente nem com muita sabedoria para lhes proclamar o mistério de Deus. Pois decidi nada saber entre vocês, a não ser Jesus Cristo, e este, crucificado. E foi com fraqueza, temor e com muito tremor que estive entre vocês. Minha mensagem e minha pregação não consistiram de palavras persuasivas de sabedoria, mas em demonstração do poder do Espírito, para que a fé que vocês têm não se baseasse na sabedoria humana, mas no poder de Deus. 1 CORÍNTIOS 2:1-5

A mensagem geral aqui é que obras, e não palavras, mudam corações. Sim, palavras são necessárias, mas considere: ouvir é crer, ou ver é crer? Ao treinar pessoas para testemunhar, precisamos enfatizar o compartilhar por meio das nossas ações, tanto ou mais do que o compartilhar por meio das nossas palavras. Ao fazer ajustes devemos nos lembrar de que os olhos são a chave que abre o coração das pessoas.

8
Mais sobre os arados

A verdade pode ser vital; mas, sem amor, ela é insuportável. CARDEAL BERGOGLIO[43]

Use tudo o que você possui para adquirir entendimento. REI SALOMÃO[44]

Deus nos ordenou a ir até os confins da Terra para alcançar todos os povos, porém muitos povos têm o coração duro em relação a Jesus ou Sua Igreja. Para que um coração duro seja arado — a fim de experimentar o amor de Deus — pessoas de coração endurecidos precisam estar com pessoas que amam Jesus. Uma das melhores maneiras naturais de se ter tempo suficiente com alguém que tem o coração duro, para que essa pessoa possa *ver* as boas-novas, é trabalhar com ela seis ou mais horas por dia.

---

[43]Essa frase, no filme *Dois papas* (Netflix, 2019), é dita pelo cardeal Bergoglio que se tornou, posteriormente, o papa Francisco.

[44]Provérbios 4:7

Quando as pessoas experimentam graça, perdão e amor dia após dia, semana após semana, mês após mês, elas não têm como explicar. Elas não conseguem responder aos seus "por quês". Tal qual os magos no tempo de Moisés que tinham soluções e respostas no início, mas com o tempo não tiveram como refutar, nossos colegas de trabalho se convencem e declaram: "Isso é o dedo de Deus..." (ÊXODO 8:19).

Aprendi por experiência própria — e com centenas de trabalhadores B4T — que nas primeiras 10 a 20 vezes em que pessoas que não sabem nada sobre Jesus experimentam Seu amor, graça e perdão por meio da forma que trabalhamos, elas simplesmente presumem que não entendemos a língua e a cultura delas. Nas 10 a 40 vezes seguintes quando essas mesmas pessoas percebem que falamos bem sua língua e de fato entendemos sua cultura, elas começam a se perguntar se somos apenas idiotas. A maneira como vivemos e trabalhamos não faz sentido para elas. Mas em algum momento entre 20 e 90 vezes (e isso geralmente leva um ou mais anos) elas ligam os pontos. Elas concluem por si mesmas que é Jesus quem nos torna como somos, e é então que as coisas começam a mudar no coração e na mente delas. Mudar corações e mentes é resultado de arar profundamente.

Com frequência nós que estamos no exterior dizemos à igreja em nosso país de origem: "São pessoas de coração endurecido", ou "O trabalho é muito difícil", e continuamos a *semear*. Em Mateus 13 Jesus convoca a multidão: "OUÇAM! POR FAVOR ESCUTEM!", pois a multidão sabia como semear...

Se você sabe que o solo é duro — pare de semear e comece a arar!

Se o solo é seco — regue.
Se o solo carece de nutrientes — fertilize.

Mas, na verdade, o que fazemos? Continuamos semeando! E como não há colheita, culpamos o solo ou Satanás. Pessoas de coração duro fecham os olhos para conselhos, mas abrem os olhos para exemplos.

Missionários geralmente são muito bons em CONTAR o que ouviram de Jesus. Na evangelização, a ênfase geralmente está em persuadir as pessoas a virem a Cristo. Entretanto, uma testemunha é alguém que experimentou algo — viu e ouviu — e conta a outra pessoa. Se apenas *falamos* sobre Jesus, nossos ouvintes com frequência concluem que na verdade não o experimentamos. A questão é: precisamos compartilhar quem Jesus é por meio de nossas palavras e nossas ações.

Para que as pessoas compreendam o sentido e o valor do amor, elas precisam ver e experimentá-lo. Amor não se ensina, se apreende. Amor exige ação. Trabalhar em um emprego dia após dia com pessoas permite que elas vejam e experimentem o amor de Deus em nossa vida e observem "o dedo de Deus" em ação.

Arar diariamente

Corações endurecidos se referem a pessoas que têm os olhos fechados e os ouvidos tampados; logo, o que fazer para abri-los? Arando com oração e amor, que fluem em nós por meio do Espírito de Deus. Contudo palavras não são suficientes. Ouvir sobre oração e falar sobre amor não fará com que muitos venham a Jesus. Por exemplo, vários amigos muçulmanos já comentaram comigo que os cristãos oram pouco, pois nunca nos veem orar. É claro que não queremos ser como os fariseus que exibiam suas orações como forma de alardear a devoção deles. Entretanto, precisamos desenvolver disciplinas espirituais em nossa vida cotidiana que incluem o conectar-se com a sabedoria do Espírito em tudo que fazemos. Devemos planejar deliberadamente ações de amor em nossa rotina diária. Todo solo (coração) duro tem um ponto em que ele se abre. Precisamos investir tempo para refletir com o Espírito sobre as escolhas e as ações que fazemos todos os dias a fim de garantir que estamos manifestando o amor de Cristo de uma forma que as pessoas entendem. Se queremos sulcar terreno duro, devemos arar com oração e amor.

Usando uma ilustração comercial, se queremos vender um produto onde não há mercado para ele, o que temos de fazer primeiro? Criar o mercado para esse produto. Tenha em mente que não basta dizer aos consumidores como o produto é maravilhoso. Precisamos *demonstrar* para eles como o produto funciona e como ele tornará a vida deles melhor. Jesus declarou: "Ninguém acende uma candeia e a coloca debaixo de uma vasilha. Ao contrário, coloca-a no lugar apropriado, e assim ilumina a todos os que estão na casa. Assim brilhe a luz de vocês diante dos homens, para que vejam as suas boas obras e glorifiquem ao Pai de vocês, que está nos céus" (MATEUS 5:15-16). Assim como as pessoas precisam ver a luz para que ela faça sentido, elas também precisam ver e experimentar um novo produto para comprá-lo.

Se nosso objetivo é alcançar as pessoas ao nosso redor, temos de dar tempo a elas para ver e experimentar Jesus. Precisamos investir mais do que apenas algumas horas por semana com eles. O motivo de o local de trabalho ser o lugar ideal para expressar a realidade de Deus em nós é duplo: *primeiro*, passamos longos períodos juntos; *segundo*, as melhores ocasiões para demonstrar o poder do evangelho não são necessariamente quando tudo vai bem, mas sim quando as coisas estão tensas ou até mesmo desmoronando.

Quando tudo vai bem, cristãos e não cristãos tendem a reagir de modo semelhante — todos sentimos que a vida é boa. Mas o que acontece quando o escritório é inundado ou estremece com um terremoto, ou um cliente atrasa os pagamentos da compra que fez ou do serviço que usou, ou um funcionário público pede um suborno pela quarta vez? Quando um funcionário mente para você, rouba de você, ou continua chegando atrasado no trabalho? Nesses casos, quando expressamos graça ou perdão demonstramos como nossa fé nos permite reagir de modo diferente. Quando respondemos ao ódio com amor, as pessoas experimentam o que caracteriza a nossa fé. Provações e dificuldades geram oportunidades para que nossos colegas experimentem Deus agindo em nossa vida. Os incrédulos veem como o amor age em nós quando enfrentamos situações difíceis. É nesses momentos que a diferença entre Jesus e a política, Jesus e a ciência, Jesus e o Corão, Jesus e as Sutras maaianas, Jesus os Vedas hindus se torna evidente para eles. É durante tempos difíceis que eles reconhecem que há algo diferente *em* nós. Assim, os não cristãos veem e experimentam Jesus, e não apenas religião.

Temos uma expressão bem conhecida em nossa cultura: *falar é fácil*. Em outras palavras, não me diga, mostre-me. Demonstre a verdade, a realidade do que está dizendo. O impacto verdadeiro, o valor duradouro, advém de viver o evangelho a fim de que nossos colegas de trabalho e amigos possam experimentá-lo.

Arar causa mais impacto quando as pessoas veem:
- ✓ A forma como reagimos a problemas e a momentos difíceis — o coração e as atitudes em relação a Jesus mudam.
- ✓ A maneira como nos aproximamos delas e as abençoamos quando elas enfrentam dificuldades — o amor é cultivado no coração delas.
- ✓ A forma como andamos a segunda milha a fim de abençoar estrangeiros ou concorrentes — graça é irrigada na mente delas.
- ✓ A maneira como lidamos com quem nos maltrata — perdão é adubado na alma delas.

Quando os negócios ou a vida vão bem, não há muita diferença entre as atitudes de cristãos e de não cristãos. É em meio às tempestades, em tempos difíceis, que os cristãos reagem de maneira diferente: com fé, esperança, alegria e amor; é então que a luz de Jesus brilha mais forte por meio de nós. É quando está mais escuro que a menor das lâmpadas brilha mais intensamente.

Dar fruto

Será que arar com oração e amor funciona? Será que o tempo que investimos, mesmo 10.000 horas, realmente faz diferença?

Na conferência *OPEN Connect 2016* (um encontro para membros do *OPEN Network* que fazemos a cada dois anos), perguntei aos 190 participantes, que viviam e trabalhavam em regiões não alcançadas: "Quantos de vocês já trabalham, de um a três anos, pelo menos 20 horas por semana em solo duro? Por favor, fiquem em pé". Mais de 50 se levantaram.

Continuei: "Se você já teve um colega de trabalho que disse algo como: 'Trabalhar aqui é melhor do que em qualquer outro lugar em que já trabalhei', ou 'Gosto muito de trabalhar com você', pode sentar". Praticamente todos se sentaram.

Na agricultura do evangelho, os primeiros três anos arando são árduos. Um arado entra mais fundo no solo do que uma colheitadeira. No ministério, o arado adentra profundamente em colegas, clientes e mesmo em você. Não se pode esperar fruto ao arar. Pois arar é apenas o primeiro passo para se ter o fruto na colheita. Ter colegas de trabalho ou funcionários que fazem afirmações como as mencionadas há pouco nos mostra que já rompemos a superfície. Mas eles ainda não estão preparados para a semente. Se plantarmos nessa etapa, a semente crescerá entre pedras e espinhos. Quando colegas de trabalho ou funcionários perguntam: "Por que você faz isso?", ou "Por que você se importa?", isso mostra que estamos avançando na direção certa. Todavia, ainda é muito cedo para lançar a semente do evangelho no coração deles. Se você quer resultados duradouros, seja paciente. As pessoas estão observando você, então continue amando, sendo exemplo, arando.

Uma vez que a superfície da incredulidade foi rompida, aparecem as pedras — o caráter e a autoimagem da pessoa.

Alguns dos meus funcionários, durante anos, não viam problema em levar para casa grampeadores, livros, lápis, dinheiro que alguém deixou no balcão ou quaisquer outros itens que estivessem ao alcance deles. É nossa responsabilidade ensinar aos nossos colegas de trabalho integridade, honestidade e excelência. Exemplifique essas qualidades para eles. Nossas ações influenciam mais do que as nossas palavras. À medida em que as pessoas crescem em sua integridade pessoal, o trabalho delas refletirá isso. Elas podem não comentar, mas você perceberá, pois quando seres humanos se tornam mais corretos, a autoestima deles também começa a melhorar. A vida deles começa a ser curada.

Não espere que isso aconteça em poucas semanas, ou mesmo meses. Nossa experiência nos ensinou que a mudança acontece mais rápido se você está trabalhando em seu país de origem usando sua língua materna. No entanto saiba que ainda levará um ano ou dois trabalhando diariamente com alguém até que o solo comece a amolecer. Lembre-se de que solo mole não é necessariamente solo fértil; também há tipos diferentes de solo duro. Se houver pedras sólidas, isso pode demandar o uso de dinamite, enquanto outros dá para se trabalhar com uma pá. Oração e discernimento do Espírito são chaves para saber o que é necessário para alcançar o coração de cada pessoa.

O passo seguinte é confrontar os espinhos e ervas daninhas. Esse conceito é mais difícil, por dois motivos: *primeiro*, há muitas tentações neste mundo, e cada pessoa tem fraquezas diferentes; *segundo*, há muitas pressões de família, cultura e história. Como não há como saber quais são as fraquezas e as pressões que cada pessoa enfrenta, temos de confiar que o

Espírito Santo está trabalhando para transformá-las. Nossa tarefa é orar e amar. Ore por seus colegas de trabalho sempre que lembrar deles, ore antes ou durante o tempo de interação com eles. Peça a Jesus por maneiras e oportunidades de demonstrar o amor dele pelas pessoas em sua rotina diária. Invista dessa forma em seus colegas de trabalho e o Espírito Santo usará isso a fim de prepará-los para receber a semente do evangelho.

Depois de estar trabalhando com eles por um, dois ou três anos, é nesse estágio que seus colegas de trabalho começarão a perguntar sobre a fé que você professa. Mesmo que você não tenha mencionado Jesus diretamente durante esses anos, eles perguntarão. É provável que eles também peçam um exemplar da Bíblia. Por que tenho tanta certeza? Experiência. Também perguntei aos participantes no *OPEN Connect*: "Fique em pé se você já está trabalhando por 20 horas ou mais por semana na mesma empresa com praticamente as mesmas pessoas há 7 anos ou mais". Vinte pessoas ficaram em pé. (Isso mostra como nosso movimento é recente.) Continuei: "Agora, se você ou alguém da equipe que trabalha com você viu uma ou mais pessoas se converter, ser batizada e permanecer na fé, pode se sentar". Dezoito dos 20 se sentaram. Isso significa que, após 7 anos, 90% deles viram fruto, e fruto que permanece.

Com o tempo, depois de 3 a 5 anos, chegando perto de um investimento de 10.000 horas com as pessoas, o solo amoleceu, as pedras foram removidas, as ervas daninhas foram enterradas pelo arado, e de repente o solo está pronto para a semente. É encorajador ver que, depois da marca dos 8 anos, empresa após empresa tem experimentado vitórias, com pessoas vindo à fé em Cristo. Trabalhar lado a lado com pessoas produz fruto.

Estar no local de trabalho nos situa em um processo agrícola em que constantemente, e de modo natural, estamos sendo requeridos, pela nossa vida e ações, a arar, a remover pedras, a adubar, a regar e a semear. E no devido tempo colheremos. Isso exige paciência. Durante os primeiros anos no trabalho, priorize ser exemplo do evangelho. Geralmente, quando as pessoas lhe fazem perguntas sobre sua fé ou suas ações (e o farão), elas demonstram curiosidade, mas lhes falta urgência, ou fome de saber. Mostre-lhes regularmente que é Jesus quem faz você ser diferente. Tenha paciência, não há pressa para dizer mais do que isso. Espere até perceber uma ansiedade, uma fome nos comentários e perguntas deles. Não tenha pressa em compartilhar seu testemunho ou entregar um folheto até que eles solicitem ouvir sobre Jesus. É a urgência nas pessoas que nos diz que o solo está pronto para receber a semente do evangelho. Quando as pessoas insistem, e até imploram para conhecer a verdade de Jesus, chegou o momento em que o solo está preparado para ser semeado.

Para que a mensagem do Reino germine e floresça na mente e no coração das pessoas, é necessário preparar o solo. Um solo não preparado apresenta dificuldades para receber a semente. Um coração não preparado reluta em receber a Palavra de Deus. Quando as pessoas fizerem perguntas sobre as ações corretas ou bondosas que você manifesta, simplesmente aponte para Jesus. Diga coisas como: "Faço isso por causa de Jesus", ou "Jesus deseja que eu faça isso". Identifique suas ações com Jesus, honre-o e aponte para Ele, pois não há necessidade de dizer mais do que isso. Espere. Repito: espere o solo estar pronto. Quando há urgência, fome nas perguntas da pessoa, podemos saber que o solo está pronto para a semente — a semente que dará fruto duradouro.

Arar com oração e amor em solo duro e corações endurecidos testará nossos limites. Ser agricultor requer perseverança. E a perseverança é fruto do Espírito. Lembre-se de que viver para Jesus no local de trabalho não tem como objetivo único alcançar pessoas para Cristo. A obra a qual Ele nos comissionou também exige que sigamos Seu exemplo, permitindo-o trabalhar em nossa vida a fim de desenvolvermos o fruto do Seu Espírito. E, sim, Jesus também está trabalhando por nosso intermédio para impactar a vida daqueles que estão à nossa volta. O Senhor está agindo em nós e por meio de nós para Sua glória.

Aceite a necessidade de perseverar. NÃO DESISTA! Seu arado, provavelmente, está abrindo fissuras no solo duro. A evidência visível disso será o aperfeiçoamento no caráter daqueles que trabalham com você. Pode ser que alguns amigos não religiosos prestem mais atenção no que você diz ou faz. No mundo muçulmano, é comum ver colegas de trabalho tornarem-se muçulmanos melhores por causa de como vivemos no trabalho. Tudo bem com isso, pois é um bom sinal de que o nosso arar está causando impacto.

Nathan é um grande amigo meu. Eu o conheci antes de ele ir para o exterior e, enquanto esteve fora, eu o visitava pelo menos uma vez por ano. Ele estivera trabalhando fielmente cinco ou seis dias por semana a fim de começar um centro de idiomas em uma região negligenciada de uma grande cidade.

No início, seu empreendimento passou por momentos difíceis. Sua família também sofreu bastante. Mas ele continuou comprometido. Depois do quinto ano, o negócio, a família e *tudo* mais começou a se encaixar, e no oitavo ano tinha realmente decolado. Nathan estava interagindo com muitas pessoas, arando, retirando pedras e arrancando ervas daninhas, fazendo um bom trabalho dando exemplo do evangelho. Mas existia um problema: não havia nenhum sinal de fruto espiritual. Fui visitá-lo e ele se queixou: "Todo esse trabalho e o que eu tenho para mostrar? Sinto-me como um agricultor que planta flores no deserto: tanto esforço e até agora não deu em nada". Conversamos sobre a possibilidade de Deus tê-lo levado para aquele lugar não para ganhar muçulmanos para Jesus, mas talvez para ensinar algo a ele. Ele sorriu e replicou: "Sim, tenho certeza de que tenho mudado desde que cheguei aqui". Fiquei poucos dias com Nathan e depois voltei para o meu trabalho. No e-mail seguinte que Nathan me enviou, ele contou que Adul, seu gerente do escritório, tinha aceitado a Cristo. Antes de Nathan vender a empresa para outro trabalhador B4T, ele ainda viu alguns funcionários e clientes muçulmanos serem apresentados a Jesus.

Não conseguimos arar um terreno duro em um dia. Repito: arar com oração e amor em solo duro e corações endurecidos testará nossos limites. Tenho certeza de que esse desafio é uma parte importante em nosso processo de amadurecimento — do nosso crescer em Cristo. Perseverança resulta em bênçãos de Deus (VEJA 2 TIMÓTEO 2:12; HEBREUS 12:7; 1 PEDRO 2:20).

Pessoas não mudam só porque alguém disse a elas para mudarem. As pessoas precisam experimentar a presença de

Deus por meio da nossa vida. Tenho conversado com profissionais que vivem e trabalham em lugares áridos como China, Egito, Marrocos e o sudeste da Califórnia, onde, literalmente, solos físicos foram transformados e tornaram-se terra produtiva e verdejante. Com a ajuda de Deus, creio que veremos a mesma coisa acontecer em desertos espirituais. A chave está em como cultivamos o solo. Se você está trabalhando no exterior há três, quatro, cinco anos, persevere e agarre-se à esperança de que a colheita chegará. Continue arando, porque um dia a colheita acontecerá! Cabe a você perseverar, para que tendo feito a vontade de Deus, você receba o que Ele prometeu (VEJA HEBREUS 10:36).

Resumo

"Isaque formou lavoura naquela terra e no mesmo ano colheu a cem por um, porque o SENHOR o abençoou. O homem enriqueceu, e a sua riqueza continuou a aumentar, até que ficou riquíssimo" (GÊNESIS 26.12-13). Jesus mostrou na parábola do Semeador que, se trabalharmos o solo com esmero, podemos ter "uma colheita de cem, sessenta e trinta por um" (MATEUS 13:23). Estamos fazendo isso? Oração e amor são a chave. Paciência e perseverança são necessárias.

Arar e semear o evangelho na vida de pessoas exige tempo e consistência. Quando aramos, nossas estratégias e ferramentas evangelísticas devem ser úteis, pois elas não são camisas de força nem varinhas mágicas. Para reajustar a obra missionária, temos de manter nosso foco em Jesus e não depender de nossas próprias ideias.

Empreendimentos empresariais nos põem lá no campo, onde nossa vida e nossas ações exigem constantemente, mas de modo natural, que aremos, retiremos pedras, arranquemos ervas daninhas e reguemos; com o tempo, colheremos. Quando *aramos*, nossos colegas de trabalho observam nossas ações e começam a mudar sua mentalidade sobre Jesus e os cristãos.

Concluindo, Jesus é quem abre o coração e a mente das pessoas, e Ele geralmente trabalha por nosso intermédio. Nossa vida e nosso trabalho giram em torno de Jesus: nada mais, nada menos. Jesus não é apenas a peça mais importante no quebra-cabeças de arar e semear o evangelho: Ele *é* o quebra-cabeças. Ele quem decide se daremos fruto em 7 anos — talvez antes, talvez depois. Qualquer que seja o cronograma, fique firme no arado. Não importa quão escura ou tempestuosa a vida se torne, atenha-se ao caminho do Senhor; continue abrindo sulcos. Are com oração. Are com amor. Esteja continuamente envolvido em relacionamentos duradouros. Esteja com as mesmas pessoas de coração duro dia após dia — trabalhe com elas. Se fizermos o nosso trabalho, Deus dará o crescimento (1 CORÍNTIOS 3:6).

9
Trabalho revisto, adoração repensada

O mundo odeia mudanças, mas é a única coisa que traz progresso. CHARLES KETTERING

Precisamos de uma revolução mais ou menos a cada geração. THOMAS JEFFERSON

Que é a verdade?
PÔNCIO PILATOS[45]

Eu sou o caminho, a verdade e a vida.
JESUS CRISTO[46]

---

[45] João 18:38

[46] João 14:6

Calibragem é uma comparação entre dois instrumentos. Simplificando, calibragem é o processo de comparar o valor medido em um instrumento que está sendo calibrado com um padrão ou referência conhecida e com elevada exatidão. O que estamos fazendo neste livro é comparar os valores que prezamos na igreja e na obra missionária com a Bíblia. Calibrar nossa vida, nosso trabalho e nossa fé pela Palavra de Deus é essencial, pois precisamos ter uma medida exata do que cremos e de como vivemos o que cremos.

Quando perguntaram a meu antigo mentor, Phil Parshall: "O que é uma vida equilibrada?", ele respondeu: "Equilíbrio é a minha posição". Corretíssimo. A maioria de nós acha que nossa vida está equilibrada e a dos outros desequilibrada, sendo nós mesmos o ponto de referência. Tendemos a formar nossas próprias realidades, e essas realidades não são perfeitas. A percepção de si mesmo pode ser muito limitante. É muito fácil ficar preso a certas percepções, seguir rotinas e perder de vista opiniões diferentes, o que nos impede de compreender a verdade. Por outro lado, sacudir nossos conceitos de mundo — incluindo vida e trabalho — pode fazer maravilhas por nosso crescimento, nossa produtividade e felicidade.

O poder de ser um

A expressão *uns aos outros* ocorre cem vezes no Novo Testamento. Aproximadamente 59 dessas ocorrências são ordens específicas que nos ensinam a maneira correta de nos relacionarmos *uns com os outros*. A expressão é tradução do grego αλληλων (*alelon*). *Alelon* é um pronome de reciprocidade geralmente traduzido na Bíblia como *uns aos outros*, ele indica que duas ou mais pessoas estão executando, ou executaram, uma ação, de algum tipo, em que todos recebem simultaneamente os benefícios ou as consequências de tal ação. Em *alelon* há o conceito de estar junto, de benefício mútuo, de unidade. Jesus e todos os autores do Novo Testamento usam essa palavra para expressar unidade.

Em João 17:11 e 21, Jesus ora para que Seus seguidores sejam um. Ele está usando εν (*en*), o número "um" em hebraico. Jesus, em Suas orações por nós, está novamente enfatizando o Seu interesse em que sejamos *um*. A unidade parece ser um conceito importante para Jesus e para cada um dos autores do Novo Testamento.

Alelon é usado em Hebreus 10:24-25, onde somos exortados a *não deixarmos de nos reunir*. Ou seja, os cristãos devem se reunir regularmente. Nesses encontros devemos praticar o "uns aos outros" bíblico: servir uns aos outros (VEJA GÁLATAS 5:13; 1 PEDRO 4:10), amar uns aos outros (VEJA JOÃO 13:34; 15:17; ROMANOS 13:8; 1 PEDRO 4:8), orar uns pelos outros (VEJA TIAGO 5:16), ensinar uns aos outros (VEJA ROMANOS 15:14) etc. Praticando os "uns aos outros" demonstramos o amor de Deus ao mundo (VEJA JOÃO 13:34-35).

Atos 2 é um exemplo poderoso disso. Ali vemos a primeira *ekklesia* (igreja) reunindo-se em amor e praticando a ordenança "uns aos outros" em amor. Qual foi o resultado? "O Senhor lhes acrescentava diariamente os que iam sendo salvos" (ATOS 2:47). Nossa vida, em Jesus, também deve ser uma coisa só. Não pode haver dicotomia entre meu trabalho, meu casamento, meu exercício, minhas férias, meu ministério na igreja e assim por diante.

Se estamos sinceramente adorando a Deus em todos os aspectos da vida, com certeza também adoraremos quando nos reunimos. Romanos 12:1 é um exemplo bem conhecido no qual Paulo usa de maneira surpreendente palavras que têm relação com adoração: "...irmãos, rogo pelas misericórdias de Deus que se ofereçam em **sacrifício** vivo, santo e agradável a Deus; este é o culto racional de vocês" [ênfase adicionada]. Adorar é entregar toda nossa vida a Deus, nossos pensamentos e emoções, para Ele usar. Jesus formula isso desta forma: "Se alguém quiser acompanhar-me, negue-se a si mesmo, tome diariamente a sua cruz e siga-me" (LUCAS 9:23). Paulo foi claro quando escreveu: "Fui crucificado com Cristo. Assim, já não sou eu quem vive, mas Cristo vive em mim..." (GÁLATAS 2:20). Cristo e Paulo são *um*; Cristo e todos os cristãos são *um*.

A Bíblia ensina que toda a vida é um ato de submissão, um ato de adoração a Jesus. E "toda a vida" inclui nosso trabalho, nosso lazer, nossos estudos. O que quer que façamos, em palavras ou ações, devemos fazer no nome do Senhor Jesus (VEJA COLOSSENSES 3:17). Isso inclui nosso tempo, nossas atitudes e ações para com nosso cônjuge, nossos filhos, nossos colegas, nossos vizinhos. Nosso serviço ou *avodah* a Deus não está ligado a um tempo ou a um templo determinado. Ele deve ser praticado sempre e onde quer que estejamos, visto que nós somos o templo de Deus (VEJA 1 CORÍNTIOS 3:16). Deixamos de enfatizar cerimônias, épocas, lugares e rituais, e passamos a observar o que está acontecendo em nosso interior. A adoração deve envolver toda a nossa vida, em todos os lugares e em todos os momentos. O teste da adoração não é apenas o que acontece na igreja, mas o que acontece em casa, no trabalho e onde quer que Deus nos coloque.

Cada ato de obediência é um ato de adoração. Ele declara que Deus tem valor. E sempre que compartilhamos o evangelho com alguém, estamos declarando o valor de Deus. Estamos nos dedicando ao serviço sacerdotal de pregar o evangelho. Nosso corpo é um templo do Deus vivo, o que torna nossa vida adoração que testemunha da graça de Deus. Quando contamos às pessoas sobre a tremenda obra de Deus realizada em Jesus Cristo e como isso tem sido boas-novas para nossa vida, estamos declarando o quão digno é o Senhor. Dessa maneira, adoramos a Deus com tudo que fazemos (VEJA COLOSSENSES 3:23). Não precisamos esperar por um culto dominical. Tampouco precisamos de uma Bíblia na mão ou de um clérigo presente para adorá-lo.

Nossa palavra "liturgia" vem do grego *leitourgia*. Na Septuaginta e na literatura grega pagã, a palavra se refere a atos públicos de adoração. Paulo, porém, a usa em um contexto diferente — *uma oferta em dinheiro*. Ele usa essa palavra para adoração para falar de ajuda financeira: doações que serão usadas para ajudar cristãos que estão passando fome, ou para financiar a pregação e difusão do evangelho. Em Romanos 15:27 Paulo usa essa palavra: "Se os gentios participaram das bênçãos espirituais dos judeus, devem também servir" — literalmente, dar liturgia a eles — "aos judeus com seus bens materiais". Conceder bênção material, inclusive dinheiro, é um serviço aparentemente comum, que prestamos a outros. Entretanto, Paulo considerava a contribuição claramente um ato de adoração — uma atividade religiosa aprovada por Deus.

Depois de receber ajuda financeira da igreja em Filipos, Paulo escreveu: "Recebi tudo, e o que tenho é mais que suficiente. Estou amplamente suprido, agora que recebi de Epafrodito os donativos que vocês enviaram. Elas são uma **oferta** de aroma suave, um **sacrifício** aceitável e agradável a Deus" (Filipenses 4:18 – ênfase adicionada). E à igreja em Corinto ele escreveu: "O serviço" — liturgia — "ministerial que vocês estão realizando não está apenas suprindo as necessidades do povo de Deus, mas também transbordando em muitas expressões de gratidão a Deus" (2 CORÍNTIOS 9:12). Essas duas igrejas estavam adorando a Deus com suas finanças. Essa é a base para compreender por que praticamente todas as igrejas hoje entendem a entrega de dízimos e de ofertas como forma de adoração.

A lei do Antigo Testamento exigia que os israelitas servissem a Deus por meio do sacerdócio por Ele estabelecido. Os sacerdotes, não o povo, deviam oferecer sacrifícios no Templo. Jesus cumpriu a Lei (VEJA MATEUS 5:17). Com a Lei cumprida, todos os crentes em Cristo se tornaram sacerdotes (VEJA 1 PEDRO 2:9). Em Jesus, não é mais necessário que outros intercedam por nós. O véu do Templo, que separava as pessoas de Deus, foi rasgado e concedeu a todos os crentes em Cristo o ofício sacerdotal; o ministério de adoração foi dado a todo o povo de Deus. Isso muda a adoração dramaticamente. O templo de Deus está em movimento, literalmente indo a todo lugar em que o cristão vai.

Devemos adorar a Deus aonde quer que formos, fazendo todas as coisas para a Sua glória, orando sempre, agradecendo sempre (VEJA 1 TESSALONICENSES 5:17-18), nunca deixando de ser templo do Espírito Santo (VEJA 1 CORÍNTIOS 3:16; 6:19-20). A adoração não se restringe a um lugar ou tempo determinados. Devemos adorar em todo tempo, mas também devemos cultuar juntos em momentos *específicos* e em reuniões designadas a esse fim. Nossa adoração inclui como e onde trabalhamos, como interagimos com outros e o que escolhemos assistir na TV e na internet — tudo! "Deus não é injusto; ele não se esquecerá do trabalho de vocês e do amor que demonstraram por ele, pois ajudaram os santos e continuam a ajudá-los" (HEBREUS 6:10).

Hebreus 13 une duas formas de adoração de que fala o Novo Testamento: "Por meio de Jesus ofereçamos continuamente a Deus um sacrifício de louvor, que é fruto de lábios que confessam o seu nome. Não se esqueçam de fazer o bem e de repartir com os outros o que vocês têm, pois de **tais sacrifícios** Deus se agrada" (Hebreus 13:15-16 – ênfase adicionada). Adoração inclui palavras de louvor e atos de serviço a outros. Não importa se esses benéficos atos são feitos na igreja, na comunidade ou em nosso local de trabalho, visto que eles expressam adoração e agradam a Deus.

Precisamos reajustar. Se somos um em Cristo e se o nosso dinheiro (nossas ofertas) é aceito como liturgia (uma forma de adoração), então nosso trabalho também deve ser considerado uma forma de adoração. Os líderes religiosos rapidamente nos lembram, quando vamos aos cultos, que ofertar dinheiro à igreja é adoração. Contudo eles precisam entender que as Escrituras deixam claro que elaborar uma página de internet, pilotar um avião, construir uma casa e fazer as tarefas domésticas também são formas de adoração.

Os pregadores podem parar de nos dizer para largarmos nosso emprego e entrar no ministério, pois aos olhos de Deus trabalhar em nosso emprego *é* uma forma de ministério. Por que as reuniões de domingo na igreja são chamadas de "cultos de adoração", e nosso trabalho das 8h às 17h não? Se nos ajustarmos à perspectiva que Deus tem sobre o trabalho, nosso trabalho chamado de secular (das 8h às 17h) poderá ser considerado sagrado (culto de adoração), tão sagrado como nossas reuniões semanais na igreja.

Trabalho é adoração

Jesus deixou bem claro:

> *Foi-me dada toda a autoridade nos céus e na terra. Portanto, vão e façam discípulos de todas as nações, batizando-as em nome do Pai e do Filho e do Espírito Santo, ensinando-os a obedecer a tudo o que eu ordenei a vocês.* MATEUS 28:18-20

> *Assim como o Pai me enviou, eu os envio.* JOÃO 20:21

> *[Vocês] receberão poder quando o Espírito Santo descer sobre vocês, e serão minhas testemunhas em Jerusalém, em toda a Judeia e Samaria, e até os confins da terra.* ATOS 1:8

Devemos aplicar esses versículos — e muitos outros semelhantes — em nossa vida diária e nosso trabalho. Como a maioria de nós passa quase um terço do tempo no local de trabalho, esse deve ser nosso lugar principal para pôr "em ação"[47] a nossa salvação (VEJA FILIPENSES 2:12) e testemunhar às pessoas — até os confins da Terra. Nosso trabalho jamais deve atrapalhar a nossa caminhada com Jesus. Ao contrário, nosso local de trabalho deve refletir nossa espiritualidade e assim testemunhar sobre Ele aos que nos cercam. Nosso trabalho deve demonstrar o que significa ter um relacionamento com Deus.

Quando entendemos, de Gênesis a Apocalipse, a intenção que Deus tem com o trabalho, constatamos que o trabalho deve ser relacional e transformacional, atraindo outros ao trono de Deus. Contudo, normalmente, somos ensinados a pensar na adoração como algo que fazemos na igreja, principalmente aos domingos, e o trabalho algo que fazemos de segunda a sexta-feira. Por exemplo: Quantos dos crentes em Cristo, na "força de trabalho secular", acordam às segundas-feiras com uma oração do tipo: "Jesus, estou indo para o meu ministério, o lugar que me colocaste para ser Teu sal e Tua luz para meus colegas de trabalho e clientes"? Essa dicotomia não é o que Deus planejou para nossa vida, nem é o que Ele deseja.

Por séculos, a igreja tem visto o trabalho pastoral e missionário como a maneira mais espiritual de servir a Deus e aos outros. Esses "ministérios em tempo integral" parecem ter mais valor espiritual do que as ocupações "seculares", apesar de nunca serem comparados dessa forma. Esperamos que os que têm empregos seculares financiem os que fazem

---

[47] "Evidência de uma força, de um agente etc.; o seu efeito" (*Dicionário Houaiss*, 2009).

"ministério de verdade", e ainda usem os poucos preciosos momentos que têm nos fins de semana e nas noites para "servir o Senhor" como professores de Escola Dominical, ou como membros da diretoria ou de comissões, ou como músicos etc. Não é errado a igreja possuir ministérios estruturados ou formais, mas é um equívoco essa desconexão entre "ministério" e local de trabalho.

Entendendo o trabalho

No *Dicionário Houaiss* (2009), trabalho é definido como "conjunto de atividades, produtivas ou criativas, que o homem exerce para atingir determinado fim". Por isso, tudo o que nos esforçamos para alcançar pode ser considerado "trabalho". É nesse contexto que Paulo exorta a igreja em Éfeso: "Sirvam aos seus senhores de boa vontade, como servindo ao Senhor, e não aos homens, porque vocês sabem que o Senhor recompensará cada um pelo bem que praticar, seja escravo, seja livre" (EFÉSIOS 6:7-8).

Nosso trabalho é um testemunho. Um bom trabalho é um bom testemunho; um trabalho ruim é um testemunho ruim. Lembro-me de um exemplo de testemunho ruim quando, uns 30 anos atrás, minha irmã me disse: "Eu não vou mais à igreja. A proprietária da casa onde moro vai à igreja o tempo todo, já estou há cinco semanas reclamando, mas ela está muito ocupada indo à igreja e ainda não teve tempo para consertar minha janela". As pessoas analisam a realidade da nossa fé pelo que fazemos, não pelo que falamos.

"Vocês servem ao Senhor, não a pessoas." No sentido mais simples, todas as coisas que fazemos são "para a glória de Deus". Isso significa que nossas ações e palavras devem manifestar um coração puro por meio do qual Deus efetua o Seu trabalho. Nosso trabalho deve refletir Deus e ser uma maneira de Ele glorificar a si mesmo por nosso intermédio. A integração entre trabalho e adoração mostra que *trabalho é adoração*.

A forma como fazemos o nosso trabalho impacta vidas e pode afastar as pessoas de Jesus ou atraí-las a Ele. O local de trabalho pode ser um dos campos mais incompreendidos para o evangelho, seja na Índia ou em Indiana. Nosso trabalho contribui para o crescimento e o progresso da sociedade. Se queremos aumentar nosso impacto entre os não alcançados, precisamos começar com quem somos e como somos discipulados em casa. Os que realizam trabalho profissional na igreja precisam melhorar a compreensão deles sobre o universo do trabalho. Certo pastor me perguntou mais de uma vez: "Como posso me relacionar melhor com os empresários em minha congregação?". Minha resposta é simples: "Arranje um emprego. Aprenda a trabalhar como outros trabalham. Aprenda a ser testemunha no local de trabalho e depois ensine seus congregados a serem testemunhas no local de trabalho".

Se trabalho é adoração, isso significa dar a Deus o melhor daquilo que Ele concedeu a nós. Sempre que Deus nos abençoa, nos enche, nos toca ou nos surpreende, devemos retribuir essas dádivas a Ele, devolvendo-as como oferta — uma oferta de ação de graças por Sua bondade para conosco. Quando vivemos entendendo que trabalho é adoração, tudo o que possuímos — tempo, coisas, pensamentos — deve ser celebrado como dádivas provenientes dele. As bênçãos de Deus devem ser compartilhadas. Se guardamos Suas bênçãos apenas para nós, elas apodrecerão, assim como acontecia com o maná que o povo tentava guardar para mais de um dia (VEJA ÊXODO 16:20). Temos de compartilhar as bênçãos que Ele nos concedeu com outros e junto com eles dar glória a Deus. Pela parábola do Bom samaritano sabemos que "próximo" não se restringe a outros cristãos. Ser o sal e a luz de Jesus para os colegas de trabalho no mundo exige que estejamos entre pessoas que ainda não encontraram Jesus.

Unidade é importante para Deus. Veja este relato sobre Abraão: "Passando [...] para o monte a leste de Betel, armou a sua tenda, ficando Betel a oeste e Ai a leste. Ali edificou um altar ao SENHOR e invocou o nome do SENHOR" (GÊNESIS 12:8 NAA).

Oswald Chambers escreveu o seguinte em seu comentário sobre este versículo:

> Betel é o símbolo da comunhão com Deus; a cidade de Ai simboliza a atitude mundana. Abrão "armou a sua tenda" entre as duas cidades. O valor duradouro do nosso culto público diante de Deus é medido pela profundidade da intimidade de nossos momentos particulares de comunhão e unidade com Ele. Apressar-se desesperadamente apenas para cumprir um ritual de louvor é uma atitude sempre errada — há sempre muito tempo à disposição para a verdadeira adoração a Deus. Separar dias para meditação e louvor pode ser uma armadilha, a qual nos desvia da verdadeira necessidade de termos um

tempo diário de reflexão e silêncio perante Deus. Essa é a razão pela qual devemos "armar nossas tendas" onde sempre poderemos ter o nosso tempo silencioso com Ele, não importa quão barulhento for o mundo ao nosso redor. Não existem, de fato, três níveis na vida espiritual — adoração, espera e trabalho, ainda que alguns dentre nós saltem como sapos espirituais — da adoração para a espera, e da espera para o trabalho. A ideia de Deus é que os três funcionem simultaneamente, como se fossem um. Eles sempre caminharam juntos na vida do nosso Senhor e em perfeita harmonia. Esse é um hábito que deve ser desenvolvido; pois não acontecerá da noite para o dia.[48]

Trabalho e adoração não devem ser vistos como deveres ou entidades separadas nas Escrituras, da mesma forma que não vemos nossa alma separada do nosso coração que pulsa. Não podemos separar alma e coração; logo não devemos separar a vida cotidiana da adoração diária. Deus não nos trata como partes desconexas. Ele nos vê — tudo o que somos e tudo o que fazemos – como uma coisa só.

Meu grande amigo Mats Tunehag explica muito bem como *trabalho é adoração*:

> *Negócios como Missão* é colocar em prática na segunda-feira o que foi falado no domingo. Tudo o que cremos e professamos na igreja no domingo deve permear nossa vida e nossa prática profissional e empresarial no restante

---

[48] *Tudo para Ele — o livro de ouro de Oswald Chambers* (Publicações Pão Diário, 2022).

da semana. Precisamos buscar uma integração direta entre domingo e segunda-feira, entre adoração e trabalho. Corremos o risco de fazer do domingo e da segunda-feira dois compartimentos diferentes. A compartimentalização tem argumentos a favor e contra. Ela tem sido chave para o desenvolvimento científico. Mas o perigo está em deixar de enxergar o todo — a maneira como as várias partes se sobrepõem, se conectam e interagem.

Por exemplo, H2O é hidrogênio e oxigênio. Os elementos podem ser separados e analisados e podem manifestar-se como água, gelo e vapor. Adoração no templo é diferente do trabalho braçal no campo. Mas isso não significa que estão desconectados de quem somos: criados à imagem de Deus, com o propósito de trabalhar e também de adorar. Trabalho pode ser adoração. Precisamos evitar jogar uma entidade importante contra a outra. Não é hidrogênio contra oxigênio, Deus Pai contra o Filho, trabalho contra adoração, ou o alvo financeiro contra o impacto espiritual. Eles não são a mesma coisa, mas estão conectados. Assim nosso trabalho diário está intimamente relacionado com o servir a Deus *e* às pessoas. Nossas empresas não são uma forma de nos desviar de "cumprir o ministério".[49]

Para muitos, o local de trabalho é o ponto central da nossa vida. Construímos nossa identidade a partir do

---

[49]Tradução livre de trechos do artigo *Let's avodah*! Disponível em http://matstunehag.com/2018/08/13/lets-avodah/

trabalho. Orgulhamo-nos do trabalho que fazemos e do sucesso que alcançamos. O local de trabalho também é o lugar onde nossas limitações, nossos temores e nosso egoísmo nos são revelados. É o lugar onde nosso eu verdadeiro, pecaminoso, vem à tona. Por isso ser um fato, os outros podem se identificar conosco. O local de trabalho é um lugar em que as pessoas com frequência estão muito abertas para se encontrar com Deus. Devemos nos esmerar em ensinar e em demonstrar às pessoas como a oração e a adoração podem ocorrer de modo natural e frequente no escritório, na sala de aula, no chão de fábrica e em todos os outros lugares de trabalho.

Resumo

Trabalho é adoração. Qualquer tipo de trabalho, feito para Deus, é adoração. Temos de realinhar nosso vocabulário para que esteja de acordo com as Escrituras. Deveríamos rever as formas em que nos tornamos como os fariseus, criando vocabulário e práticas com as quais estamos confortáveis e ainda dizemos que são bíblicas. Por exemplo, se nosso trabalho das 8h às 17h é adoração, então o que acontece no domingo na igreja? Será que deveríamos mudar o nome do "culto de adoração" para "culto de louvor" ou "culto de celebração"?

Jesus orou para que fôssemos um. Isso se aplica a comunidades de igreja, à vizinhança e aos lugares em que trabalhamos. Nossas convicções e práticas religiosas não podem ser separadas das outras áreas da nossa vida.

O que precisa ser reajustado? A visão segregada que temos de vida e trabalho. Nós não vivemos a vida em uma coleção de caixas. Somos integralmente um, almejando servir o Deus santo. Precisamos adorar dentro *e* fora das paredes de nossas igrejas. Devemos trabalhar adorando.

10

Odres novos para vinho novo

A mudança é a lei da vida. E aqueles que apenas olham para o passado ou para o presente com certeza perderão o futuro. JOHN KENNEDY

A melhor maneira de prever o futuro é criá-lo.
PETER DRUCKER

Quando a tarde vem, vocês dizem: "Vai fazer bom tempo, porque o céu está vermelho", e de manhã: "Hoje haverá tempestade, porque o céu está vermelho e nublado". Vocês sabem interpretar o aspecto do céu, mas não sabem interpretar os sinais dos tempos! JESUS CRISTO[50]

---

[50]Mateus 16:2-3

Duas ilustrações

Na antiguidade, o lagar de vinho era um grande tanque onde as uvas eram esmagadas. Ele tinha uma cobertura em cujas vigas havia cordas suspensas para as pessoas se segurarem e amassar as uvas com os pés. O suco escorria para uma cuba em um dos lados do tanque. Dali, o suco era coletado e acondicionado em odres[51] para fermentar. Esses odres eram amarrados nas extremidades e pendurados por ganchos em vigas. Eles eram o recipiente perfeito para fermentar o suco da uva. À medida que fermentava, esse suco expandia, e o couro novo dos odres dilatava para acompanhar tal expansão. Dependendo da temperatura e da quantidade de levedura acrescentada, o suco levava de 7 a 30 dias para fermentar. À medida que o odre se expandia com o suco, por fora ele endurecia e, depois de uma semana ou mais, ele tornava-se o recipiente perfeito para armazenar o vinho e ser facilmente transferido para jarros menores a fim de ser servido à mesa.

Certa vez, quando os discípulos de João Batista e dos fariseus estavam jejuando, "algumas pessoas vieram a Jesus e lhe perguntaram: 'Por que os discípulos de João e os dos fariseus jejuam, mas os teus não?'" (MARCOS 2:18). Jesus lhes respondeu com duas breves ilustrações.

Veja:

Ninguém tira um pedaço de uma roupa nova
para colocar sobre roupa velha; pois, se o fizer,

---

[51] Recipientes feitos de couro de animais, principalmente ovelhas e cabras, a fim de acomodar líquidos.

> *rasgará a roupa nova, e, além disso, o remendo da roupa nova não combinará com a roupa velha. E ninguém põe vinho novo em odres velhos, porque, se fizer isso, o vinho novo romperá os odres, o vinho se derramará, e os odres se estragarão. Pelo contrário, vinho novo deve ser posto em odres novos.*
> LUCAS 5:36-38 NAA

A lição é clara: os modos velhos e os modos novos não se misturam. Fazer um remendo tirando um pedaço de tecido de uma roupa nova para colocá-lo em uma roupa velha é estupidez, pois estragaria a roupa nova. E como a roupa velha provavelmente tenha desbotado com o tempo, o tecido novo chamaria atenção e não combinaria com o antigo.

De forma semelhante, se colocarmos vinho novo em odre velho, à medida que o vinho se expande o odre não consegue se ajustar a ele, assim acaba se rompendo. Com isso, perde-se tanto o vinho quanto o odre.

Quando transições culturais ou sociológicas ocorrem na história, Deus levanta novas gerações e novas estratégias para espalhar Sua glória a fim de atender os novos desafios. Cada novo paradigma levou o evangelho mais para dentro das regiões e povos ainda a serem alcançados no mundo. Cada transição desempenhou o seu papel — sobremaneira valioso — na difusão do evangelho até onde ele era ainda desconhecido: Jesuítas (o novo mundo), William Carey (agências missionárias denominacionais), Hudson Taylor (Missões de fé e Missões para o interior da China), OM e JOCUM (ações de curto prazo), *Frontiers* Brasil e Pioneiros (missões junto a grupos étnicos não alcançados).

Todos concordamos que os tempos estão novamente mudando. No passado, as metodologias comprovadas e as agências paraeclesiásticas não conseguiram se adaptar à mudança das épocas. Com frequência adotavam a nova terminologia vigente, mas era apenas um verniz a fim de manter as coisas como estavam. A questão é: As agências paraeclesiásticas estabelecidas no *mundo moderno* dos séculos 19 e 20 conseguem fazer as profundas e necessárias mudanças nas raízes para se ajustar às oportunidades e necessidades da *pós-modernidade* do século 21?

Precisamos fazer ainda outra importante mudança de paradigma em nossos esforços para alcançar os não alcançados. Conforme estatísticas sobre missões no mundo, para cada missionário que vai para grupos étnicos não alcançados, onde há poucos ou nenhum crente em Cristo, aproximadamente 30 missionários vão para grupos étnicos já alcançados, onde existem igrejas e trabalham com cristãos. Menos ainda se deslocam para os grupos étnicos não contabilizados, onde não há cristãos nem missionários para alcançá-los. Conferindo os dados históricos, não surpreende que as agências missionárias, bem consolidadas, enviem mais de 95% dos seus obreiros para regiões onde sempre trabalharam e já existem igrejas. Estamos em um novo dia; há um vinho novo que precisa de odres novos, estruturas e processos novos. As agências missionárias e organizações paraeclesiásticas precisam fazer mais do que passar uma nova demão de tinta ou adicionar mais uma ala à estrutura atual — praticamente tudo precisa ser reconstruído. Foi Warren Buffett quem disse: "Em um barco que tem um vazamento crônico, a energia despendida para mudar de embarcação é mais produtiva do que a energia gasta para tapar o buraco".

Odres novos — tempos de mudança

Nos anos 1400, a imprensa móvel rompeu as barreiras de manter a informação apenas nas mãos de alguns, e a construção de navios maiores abriu caminho para uma era de explorações. Essas novas invenções possibilitaram o nascimento do mundo pré-moderno. Pela primeira vez ideias e produtos podiam ser levados, literalmente, até os confins da Terra. Com a invenção da máquina a vapor, os empreendedores no início dos anos 1800 começaram a construir navios e trens movidos a vapor. Quase na mesma época, surgiu o telégrafo. Assim, começou o mundo moderno e a revolução industrial. Essas invenções possibilitaram que ideias e produtos se deslocassem mais rapidamente e por distâncias muito maiores. E por fim veio a internet, um marco no início do mundo pós-moderno.

O século 21 é o século da mudança. A invenção do telefone com teclas, das máquinas de escrever elétricas e dos aparelhos de rádio com transistores foram o grande sucesso da minha juventude. Onde tudo isso está agora? Hoje eu carrego no bolso um único aparelho que faz tudo o que essas invenções da minha juventude faziam, e muito mais. Na próxima década, mais coisas mudarão em mais lugares do que em todo o século anterior. E mudanças muitas vezes são dolorosas. Crescer costuma doer. Porém nada dói mais do que ficar preso a algum lugar ao qual você não pertence. Mudar não é mais opcional.

Jesus entende o que é mudança e nossa preferência por manter as coisas como estão (VEJA LUCAS 5:39). Entretanto, em Seu tempo aqui na Terra, Ele estava sempre quebrando tradições e paradigmas. Como já citado no início deste capítulo, Jesus disse aos líderes em Sua época:

> *Quando a tarde vem, vocês dizem: "Vai fazer bom tempo, porque o céu está vermelho", e de manhã: "Hoje haverá tempestade, porque o céu está vermelho e nublado". Vocês sabem interpretar o aspecto do céu, mas não sabem interpretar os sinais dos tempos!* MATEUS 16:2-3

Como estamos indo em nossa adaptação ao mundo pós-moderno? Quarenta anos atrás, como um jovem missionário em uma agência missionária, fui ensinado a ver o mundo dividido por muros. Missionários eram enviados para pregar o evangelho transpondo barreiras e construindo pontes sobre esses muros divisórios. Eles eram ensinados a procurar por maneiras de "se contextualizar", ou "se conectar", ou "construir pontes" para alcançar os não alcançados de modo a tornar o evangelho compreensível em uma cultura antibíblica ou estrangeira. Logo, como o mundo está mudando, nossa maneira de compartilhar o evangelho também precisa mudar.

Ver é crer

Em julho de 1969, Neil Armstrong se tornou o primeiro homem a pisar na lua. E um dos segredos mais bem guardados dessa primeira caminhada pela lua é que enquanto avaliava o solo da lua Armstrong ouvia o *azan*, o chamado muçulmano à oração. Por conta disso, depois de voltar à Terra, ele estudou o islamismo e acabou se tornando muçulmano.[52]

Notícias falsas existe em todo lugar. Mas até hoje, mais de 50 anos depois, milhares de muçulmanos ainda acreditam nessa suposta conversão de Armstrong.

Quando eu era jovem e planejava levar minha esposa para comer fora, eu costumava perguntar aos meus amigos quais restaurantes eles recomendavam. Hoje em dia os jovens ainda perguntam ao escolher um lugar para comer, porém o mais provável é que eles acessem a internet e pesquisem as avaliações de vários restaurantes. Diante da avalanche de notícias falsas, as pessoas sabem que é importante confirmar os fatos antes de decidir.

Quando as pessoas ouvem o evangelho, elas fazem a mesma coisa. Informam-se por aí a fim de descobrir o que é verdadeiro. Contudo, com toda a desinformação a respeito do evangelho e da Bíblia na internet, em quem e no que as pessoas crerão? Em nossas palavras ou em nosso exemplo? Será que aqueles a quem estamos falando nos conhecem o suficiente para confiar em nossas palavras e exemplo mais do que no que leem e ouvem em outros lugares? Quão semelhante a Cristo é o nosso viver diário?

Sabemos que muitas vezes há uma lacuna entre a atividade religiosa do cristão que vai apenas uma vez por semana à igreja e como ele vive a vida cristã no local de

---

[52] Narrativa citada em *Azan on the Moon* de Till Mostowlansky, monografia publicada por University of Pittsburgh Press; 1st edition (2017).

trabalho. Da mesma forma, aqueles que se concentram na evangelização também têm lacunas entre seus esforços evangelísticos e a forma como contextualizam ou vivem o evangelho entre seus colegas de trabalho e vizinhos. A evangelização não deveria ser uma atividade que "realizamos" periodicamente, mas um fluir constante em nossa rotina diária. Além disso, nosso vocabulário e nossa aparência exterior não somente precisam ser coerentes para com aqueles que estamos tentando alcançar, mas nossas atitudes em casa e em nosso local de trabalho devem ser iguais ao nosso comportamento na igreja. Tal consistência reflete a glória de Deus e libera a integridade e a harmonia que cumprem a ordenança dada por Deus de sermos testemunha dele em tudo o que fazemos (VEJA SALMO 150:6; COLOSSENSES 3:23; 1 CORÍNTIOS 10:31). Jesus ministrou no mercado. Jesus ministrou na sinagoga. Nós também devemos fazer o mesmo. A cultura não será transformada se não vivermos como o Senhor viveu.

A história a seguir é um exemplo do que pode acontecer quando apenas *ensinamos* às pessoas a verdade do evangelho, mas não *vivemos* a verdade do evangelho entre elas.

> A audiência foi se acalmando. O rosto dela denunciava a tristeza que havia em seu coração. "Sou do país que muitos de vocês consideram ser o maior exemplo de sucesso em termos de missões mundiais", ela disse. E contou como a igreja fora plantada há mais de um século e que hoje 85% da população se diz cristã. Boa parte do crescimento veio de igrejas tradicionais e pentecostais, que ultrapassa 25% do total. A plateia ficou

entusiasmada enquanto ela descrevia o grande interesse do povo pelo estudo bíblico e pela oração.

Então, ela perguntou: "Alguém de vocês sabe de onde eu sou?". Muitos nomes de países foram mencionados pela plateia, mas ninguém acertou. Finalmente ela disse: "Eu sou de Ruanda — o mesmo país em que, em 1994, 600.000 tutsis e 400.000 hutus morreram, muitos massacrados com facões enquanto se escondiam em igrejas. Com todo o zelo de vocês pela evangelização, vocês nos trouxeram a Cristo, mas nunca nos ensinaram como viver".

Se o fim está à vista, como explicar Ruanda, e outros países chamados de cristãos, onde o materialismo desenfreado, a opressão dos menos privilegiados e a deterioração dos valores morais aumentam a cada ano? Com certeza não são esses os efeitos pretendidos por nosso Senhor quando disse: "...vão e façam discípulos [...], ensinando-os a obedecer a tudo o que eu ordenei a vocês..." (MATEUS 28:19-20). Francamente, algo deu errado com a colheita.[53]

Um dos meus alunos que estava em Ruanda antes e depois desse genocídio concorda. Ele me relatou o seguinte: "O cristianismo era uma religião aceita pelo povo. Eles tinham aprendido os aspectos exteriores da religião.

---

[53]Tradução livre de trecho do artigo *Beyond the Numbers Game* escrito por James F. Engel. Disponível em: https://www.christianitytoday.com/ct/2000/august7/3.54.html.

Copiaram o que viam os missionários fazerem, mas nunca tinham internalizado a fé deles em suas atividades diárias".

Empresas lucrativas dedicadas a Jesus têm muito a oferecer e a ensinar para organizações beneficentes. Ações assistencialistas são muito necessárias em situações de emergência; no entanto, em muitos casos, a dependência de longo prazo que tais organizações favorecem não traz esperança e vida nova às pessoas. Em contraste com isso, a dignidade que o trabalho de verdade concede às pessoas, junto com as horas de conversas e exemplos que essas interações proporcionam, promove um nível muito mais alto de abertura às verdades e à esperança do evangelho. Empresas cristãs, com certa frequência, têm estagiários e aprendizes que prestam serviços junto a elas — serviços estes que, muitas vezes, imitam a ajuda beneficente tradicional — no entanto a intenção desses serviços deveria ser fornecer treinamento e formação/conhecimento a eles sobre como melhor abençoar e transmitir o amor de Jesus no cotidiano, em encontros naturais diários. Jesus investiu boa parte do Seu tempo e ensino próximo e dentro da comunidade empresarial. Ele fez isso sem qualquer intenção de receber algo em troca. Ele nos exemplificou a importância de levar Sua palavra para a vida diária e o trabalho das pessoas.

Claramente — apesar de todos os esforços de assistencialismo cristão — um dos motivos pelos quais a pobreza perdura em países como o Haiti e o genocídio pôde ocorrer entre dois povos de maioria cristã evangélica como hutus e tutsis em Ruanda é que os valores e o ensino de Jesus não foram absorvidos na vida diária e de trabalho do povo. As pessoas praticam o cristianismo como uma religião separada da sua vida e trabalho, e não como um relacionamento com Deus que impacta e influencia suas decisões e ações cotidianas. Uma das chaves para promover mudança duradoura em uma comunidade é exemplificar o evangelho (a vida de Jesus) nesses lugares em que ele é negligenciado ou desconhecido. Somente quando levarmos o poder transformador de Deus para fora dos prédios da igreja a todas as áreas da sociedade, incluindo o local de trabalho, as pessoas poderão não apenas ver, mas também experimentar a verdadeira paz e o amor de Jesus.

Assim como em casa, os profissionais que trabalham em outra cultura não precisam construir pontes para a comunidade, visto que o trabalho nos insere na comunidade. Trabalhadores B4T não precisam procurar maneiras de "conectar-se" ou "contextualizar-se", pois nosso trabalho nos conecta e nos contextualiza automaticamente. Nossa posição na sociedade é compreensível para as pessoas, o que torna também a nossa vida e testemunho mais compreensíveis. Cristãos, não cristãos — todo mundo — não importa o trabalho ou o patrão, podem entender a autoridade e o poder de Deus quando veem um trabalho sendo feito de forma que glorifica a Jesus. Ter um emprego é uma maneira santa de convidar pessoas ao Reino de Deus.

Entretanto, há uma advertência que todos devemos considerar, não importa como estejamos procurando compartilhar o evangelho. O exemplo a seguir demonstra que ao pararmos de olhar para Deus em cada passo da nossa vida e do nosso trabalho, o nosso testemunho mudará de um testemunho vivo para um método morto. Temo que isso já tem acontecido com muitas agências evangelísticas de renome; e se não cuidarmos, poderemos transformar também os movimentos de BAM e B4T em métodos áridos e mecânicos.

Você se lembra do rei Davi? Na primeira década de sua liderança, cada vez que ele entrava em batalha, ele falava antes com Deus e perguntava o que deveria fazer, e depois fazia. E sempre era vitorioso. O histórico dele é impecável. Então, há o episódio com a arca da aliança (VEJA 2 SAMUEL 6). Davi encarrega dois sacerdotes, os irmãos Uzá e Aiô, de conduzir a arca até Jerusalém. Podemos presumir que eles são amigos de Davi, homens que o servem bem. Eles "puseram a arca num carroção novo" (v.3) para transportá-la e foram recompensados com a honra de liderar a procissão — mais de 30.000 pessoas — que levava a arca de volta à cidade de Davi. Porém, em dado momento do percurso, a fim de que ela não caísse do carroção, "Uzá esticou o braço e segurou a arca de Deus, porque os bois haviam tropeçado" (v.6). Tocar na arca era algo extremamente proibido; transportar a arcar em um carroção puxado por animais também era proibido pela lei de Deus. Como sacerdotes, Uzá e Aiô deveriam saber disso. Entretanto, Uzá tentou ajudar o Senhor segurando a arca, "por isso Deus o feriu, e ele morreu ali mesmo" (v.7). Por conta disso, "Davi ficou contrariado" (v.8).

Sim, Davi ficou furioso com Deus. Três meses se passaram desde o ocorrido. Davi continuou a lutar em batalhas, e vencia todas, mas seu relacionamento com Deus já não era o mesmo. Ele não pedia mais a permissão e a orientação de Deus como fazia antes. Em consequência, não demorou muito até Davi preferir ficar com Bate-Seba a liderar seus guerreiros na batalha (VEJA 2 SAMUEL 11:1-4). Infelizmente, há uma familiaridade que advém de se obter sucesso repetidamente. Em pouco tempo sua casa se dividiu, não uma, mas duas vezes. Seu impecável histórico ficou manchado, e ele teve que fugir de Jerusalém.

Por que não conseguimos alcançar nossas comunidades e os não alcançados? Poderia ser pelo fato de estarmos levando o evangelho ao povo em um carroção puxado por bois, e não nas varas sobre os ombros dos levitas como deveria ser (VEJA ÊXODO 25:13-14; 1 CRÔNICAS 15:2,13-15)? Será que inventamos metodologias bem-intencionadas a fim de ganhar pessoas para Jesus, mas que representam nossos planos e desejos, e não os do Senhor?

Odres novos para o mundo pós-moderno — mudando nossas maneiras de envolvimento

A história da civilização inclui a história do desenvolvimento empresarial e tecnológico. Da prensa de tipos móveis à máquina a vapor e à internet, a tecnologia permite que as empresas avancem e produzam em um ritmo cada vez mais rápido. Em um piscar de olhos uma empresa agora pode levar seus produtos literalmente a todos os cantos do mundo.

Quando olhamos para o futuro e a expansão do evangelho, é essencial compreender os processos de mudança. A digitalização é um fator chave para isso. A digitalização está patrocinando os maiores avanços da pós-modernização. Ela nos permite quantificar tudo. Tudo e qualquer coisa pode ser contado. Esse fato tem implicações culturais importantes, pois a quantidade é mais valorizada que a qualidade. Por isso, a geração X e as seguintes costumam valorizar o que pode ser contado e controlado. Todavia, como embaixadores das boas-novas, como contabilizamos o amor? Discipulado é relacionamento, não um programa — como quantificá-lo? Sim, podemos contar discípulos como a igreja entre os tutsis e hutus de Ruanda fazia, mas será que estamos contando ou medindo pela métrica correta?

O *marketing* obviamente alterou a nossa forma de viver. Mas ele também está mudando a maneira como valorizamos as coisas e até nós mesmos. O *marketing* nos convence de que podemos ser o que quisermos ser. Ao nos tornarmos um produto estamos tornando a nós mesmos e tudo o que nos cerca em mercadorias comercializáveis. Isso acontece de Mumbai até Mamanguape, de Teerã até Tóquio. O mundo não ficou menor, ficou pequenininho. E tudo o que é mensurável é baseado em dólar. Essa nova mentalidade afeta nossos relacionamentos, influencia a maneira como trabalhamos e até mesmo altera os valores centrais da nossa cultura. A realidade está se tornando cada vez mais subjetiva, cada vez mais artificial. A ciência, e não Deus, está dando as cartas. E se você questionar isso, pense na pandemia de COVID-19. Onde os governantes mundiais, e mesmo a maioria dos líderes de igrejas, procuraram ajuda para lidar com essa doença? Na ciência.

Olhando para o futuro, o que precisa ser reajustado? Precisamos compreender como construir relacionamentos em um mundo digital. Embora a vida mude com frequência e rapidez, o local de trabalho pode se tornar uma rocha firme à qual os incrédulos se agarram em busca de estabilidade e segurança. No entanto, para que isso ocorra, muitas de nossas estratégias evangelísticas e missiológicas carecem de ajustes. Precisamos entrar no mercado.

Quando começamos a entrar no mundo pós-moderno, o exército americano promoveu a campanha "Um exército de um". A agência que fez tal publicidade tentou canalizar a natureza individualizada da geração do milênio destacando que cada indivíduo pode e faz diferença. A ideia pegou e, depois de anos sem atingir os alvos de recrutamento, essa campanha foi bem-sucedida.

Como exército de Deus, o que podemos aprender a partir do exército americano? A campanha para alistamento demonstra como os métodos e papéis na promoção de ideias estão mudando. No passado, quem fazia divulgação de empresas, igrejas e do exército dependia principalmente da propaganda veiculada nos meios tradicionais de comunicação de massa. Hoje, as empresas e o exército utilizam outro tipo de abordagem, pois estão integrando seus esforços publicitários com diversas técnicas de comunicação: redes sociais, páginas de internet, *marketing* direto, promoção de vendas, publicidade e relações públicas, como também patrocínio de eventos em comunidades locais. Os promotores do exército também reconheceram que essas ferramentas de comunicação são mais eficazes quando coordenadas com outros elementos do programa de divulgação, em especial com seus recrutadores locais[54]. A informação e as ideias usadas incrementam os pontos de contato pessoais que os recrutadores têm com soldados em potencial.

---

[54] N.T.: Nos Estados Unidos, o alistamento militar não é obrigatório.

Por definição, um exército não pode ser um indivíduo. Entretanto, o exército americano descobriu que cada indivíduo poderia manter suas habilidades individuais e sua personalidade e ainda formar um exército formidável. Igrejas e organizações paraeclesiásticas podem aprender com isso. Precisamos reconhecer que Deus trabalha conosco individualmente e edificar sobre nossos dons pessoais, educação, experiências e chamado para discipular indivíduos em um belo mosaico de uma comunidade que glorifica a Deus. As ferramentas pós-modernas não são a solução; a oração e o amor em Jesus são a solução. Contudo essas ferramentas aumentarão nossa habilidade de impactar nossas comunidades para Cristo.

Entenda que, para o exército, as ferramentas ajudam a atingir os alvos que eles estabelecem, mas elas não são a resposta. Ainda é necessário desenvolver relacionamentos face a face com pessoas no mundo real. Graças a Deus, está ocorrendo uma mudança na igreja que está abrindo o caminho para os cristãos serem melhores testemunhas de Cristo. A igreja, e algumas organizações paraeclesiásticas, estão dispostas a considerar maneiras alternativas de servir e de testemunhar. Na atualidade, também há uma nova ênfase em ouvir e permanecer em Jesus. Temos aprendido que Deus fala com cada pessoa de maneira diferente, o que evidencia que a tarefa de cada um de nós não será igual à de qualquer outro. Isso significa que a expansão da igreja é cada vez menos sobre promover programas e eventos, e cada vez mais sobre validar o chamado de cada pessoa e, em seguida, trabalhar com ela a fim de tornar a tarefa para qual Deus a designou uma realidade.

Odres novos — integrando a adoração em nosso trabalho e nossas palavras

O pastor de uma grande igreja estava apresentando o principal preletor da conferência missionária que acontecia lá. "Conheço Paul há quase 20 anos. Ele é membro da nossa igreja e atualmente serve como presidente de uma das maiores organizações missionárias do mundo. Temos tido o privilégio de fazer parte do seu grupo de apoio há muitos anos." E continuou: "Antes de Paul se tornar missionário, ele trabalhou como vice-presidente (de uma grande empresa local), até Deus chamá-lo com estas palavras: 'Tenho algo maior para você — um chamado mais elevado'. Paul, então, deixou seu emprego e se tornou missionário".

É evidente que o pastor e a igreja estavam orgulhosos do seu missionário. Mas isso é um exemplo de como nos afastamos da Bíblia. Pois demonstra o quanto ainda há uma hierarquia "espiritual" na igreja. Há um lado bom e outro ruim: espiritual e físico, sagrado e secular, clero e leigos. A hierarquia espiritual dá a entender que, no Corpo de Cristo, pastores, missionários e os que trabalham na igreja estão no topo, seguidos dos que trabalham em instituições beneficentes, e no nível inferior estão os que ganham dinheiro com negócios. Mark Greene escreve: "A marginalização geral do trabalho se reflete em uma convicção na igreja que soa mais ou menos assim: Todos os cristãos nascem iguais, mas os cristãos em ministério de tempo integral são mais privilegiados que outros"[55].

---

[55]Tradução livre de citação do livro *The Great Divide* de Mark Green, Publisher LICC, Londres, 2010.

Mesmo a expressão "obreiro cristão em tempo integral" indica algo, não é verdade? Eu estava na China e pediram-me para encontrar um americano que liderava uma agência missionária internacional naquele país. Quem solicitou que eu me encontrasse com tal líder era um de seus colaboradores que queria abrir um negócio, mas estava encontrando resistência. Quando esse líder entrou pela porta, apertamos as mãos e a primeira coisa que eu lhe perguntei foi em que ele trabalhava.

Ele sorriu e respondeu:

—Sou obreiro cristão em tempo integral. E o que você faz?

Sorri de volta e repliquei:

—Sou obreiro cristão em tempo parcial.

Obviamente confuso, ele perguntou:

—O que isso significa?

—Ora, eu administro uma empresa além de servir a Deus. Então, se você é um obreiro cristão em tempo integral, eu devo ser um obreiro em tempo parcial. Mas Jesus deixa claro que não podemos segui-lo apenas com parte do nosso tempo (VEJA APOCALIPSE 3:15-16). Logo, eu devo estar em pecado. É isso que significa — respondi.

Jesus não tinha problema em confrontar os hipócritas de Sua época, e nós também não deveríamos. Eu sabia muito bem que esse líder cristão estava na China com segundas intenções, pois tinha uma empresa de fachada. Assim como eu 10 anos antes, ele estava chamando pessoas à Verdade enquanto mentia diariamente sobre seus motivos para estar no país. Só que ele estava cego quanto à mentira que vivia. Nem preciso dizer que, pouco tempo depois, aquele integrante da sua equipe pediu desligamento para começar o que se tornou uma empresa B4T bem-sucedida, que com integridade alcança muitas vidas para Jesus.

A expressão "obreiro cristão em tempo integral" não é bíblica, mas continua dominando nosso pensamento e comportamento na igreja e em agências paraeclesiásticas. Todo cristão é cristão em tempo integral. Todo pai é pai em tempo integral. Todo empresário é empresário em tempo integral. E todo pastor é pastor em tempo integral. Se você é pastor, diga que é. Se você é missionário, identifique-se como tal. Não há nada de errado com isso. Todos nós recebemos dons e tarefas diferentes do Senhor. Entretanto sempre que alguém diz: "Sou obreiro cristão em tempo integral", está sugerindo que é superior a todos os cristãos que não estão engajados no ministério profissionalmente. Somos todos sacerdotes (VEJA 1 PEDRO 2:9). Não importa o trabalho que temos, somos todos chamados a servir em tempo integral no exército de Deus (VEJA LUCAS 9:62; 2 TIMÓTEO 2:4).

Diversos colegas já me disseram: "Se eu dissesse que sou missionário, eu seria expulso do país ou talvez morto". Será que os cristãos em tempo integral na época de Nero diziam aos romanos: "Espere aí, não me envie ao Coliseu para enfrentar os leões, eu sou apenas cristão em tempo parcial"?

"Hipócritas", ouço Jesus exclamar. Como podemos esperar que o Senhor abençoe nosso ministério se estamos mentindo às pessoas sobre a razão pela qual estamos ali? Se você é missionário em seu país de origem, então também o é no Paquistão, no Irã ou aonde quer que você vá.

Como alguém que viveu em um país muçulmano por quase metade da vida, nunca entendi como missionários confiam em Deus para suprir suas necessidades financeiras, mas não conseguem confiar em Deus para atender suas necessidades de segurança física. Se Ele nos envia, Ele há de prover para nós (VEJA FILIPENSES 4:19) *e* nos proteger (VEJA ISAÍAS 41:10; 2 CORÍNTIOS 4:8-9; 2 TESSALONICENSES 3:3). Davi declarou: "O justo passa por muitas adversidades, mas o SENHOR o livra de todas" (SALMO 34:19). Não importa se nosso emprego é na igreja, em uma organização paraeclesiástica ou de outro tipo, como uma empresa, visto que trabalhamos para Jesus e Sua palavra se aplica a todos nós. Em qualquer lugar que o sirvamos, se estivermos mentindo — vivendo de forma ímpia — não poderemos contar com o Seu livramento. Ao nos esforçarmos para viver em retidão, teremos aflições, mas o Senhor a Seu tempo e a Seu modo nos livrará delas.

Não devemos seccionar nossa vida. Quando estou em casa, muitas vezes penso no meu trabalho. Quando estou no trabalho, com frequência penso nos meus filhos. No entanto, em cada período do dia, priorizamos aspectos diferentes de quem somos. Não temos como mudar isso. Se estou no trabalho e minha esposa telefona dizendo que nosso filho foi atropelado por um carro e está no hospital, será que eu lhe diria: "Meu bem, você sabe que estou trabalhando. Podemos falar disso quando eu chegar em casa?". Claro que não! Eu largaria tudo e correria para o hospital. Da mesma forma, se estou lendo para meus filhos à noite, antes que eles durmam, e recebo um telefonema avisando-me que um dos meus funcionários foi ferido em um acidente de trânsito, será que eu responderia: "Lamento, você pode me ligar durante o horário de expediente?". Não, eu vou parar de ler e correr para ajudar.

Deus nos chama para uma vida integrada, não seccionada. Muitos cristãos gostam de dizer: "Minha prioridade é Deus, depois vem a família, e em terceiro o trabalho". É mesmo? Então por que você gasta mais tempo no trabalho do que com a família? Podemos tirar versículos do contexto para provar essa ideia, mas será que Deus concorda com isso? Um versículo que as pessoas costumam descartar quando seguem tal sequência é este: "Se alguém não cuida de seus parentes, e especialmente dos de sua própria família, negou a fé e é pior que um descrente" (1 TIMÓTEO 5:8). Leia o contexto. Essa passagem é sobre viúvas na família. As palavras de Paulo foram proferidas no contexto de uma vida integrada, não compartimentalizada. *Viver pela fé* implica a integração de todas as áreas da nossa vida em Jesus. Por exemplo, de acordo com os líderes religiosos da época, os seguidores de Jesus eram condenáveis por muitas coisas. Os discípulos colhiam cereais no *Shabat* (VEJA MARCOS 2:23-28) e não lavavam as mãos corretamente (VEJA MARCOS 7:1-8), entre outras coisas. Em cada um desses casos, Jesus repreendeu quem os criticava.

Precisamos ter o cuidado de discernir a diferença entre nossas tradições e estratégias, para não as prezarmos tanto que venhamos, sem perceber, valorizá-las acima das Escrituras. Não há nada de errado em manter tradições ou implementar estratégias, mas devemos estar atentos para não atribuirmos a elas a mesma autoridade da Palavra de Deus (VEJA MATEUS 15:3-9). Muitas das condenações mútuas entre cristãos, na atualidade, ocorrem porque fazemos isso. E, basicamente, isso é o que os fariseus faziam. Deus e Seu livro versam sobre viver uma vida plena de maneira integrada. Devemos ter cuidado para não nos tornarmos fariseus modernos.

Apenas para lembrar: hindus, budistas e muçulmanos ensinam seus seguidores a integrar vida e trabalho melhor do que nós. Nós separamos o que eles integram. Precisamos reajustar.

Trabalho é adoração

Os cristãos se acostumaram a identificar "adoração" quase que exclusivamente com nossas reuniões dominicais. Temos líderes de louvor, equipes de louvor, cultos de louvor, centros de louvor, estilos de louvor. Nenhuma dessas expressões tem a ver com o que fazemos no restante da semana. Nosso vocabulário eclesiástico cria uma distância entre trabalho e adoração, talvez sem querer, mas isso não altera o fato de que separamos o que a Palavra de Deus une. Você lembra de *avodah*? A Palavra de Deus une o que nós separamos.

Alteramos o sentido da palavra adoração. Na Bíblia, menos de 20% do uso dessa palavra se refere a cantar ou a música. Larry Peabody fez um excelente trabalho ao descrever essa mudança de significado:

> Chegamos perto de redefinir adoração como canto congregacional. Na Bíblia, no entanto, o sentido da palavra adoração não tem a ver com música. As palavras bíblicas que costumam ser traduzidas por adoração geralmente descrevem ações físicas que demonstram reverência ou honra. As palavras hebraicas no Antigo Testamento falam de curvar a cabeça, dobrar os joelhos ou prostrar-se com o rosto em terra. As palavras para adoração no

Novo Testamento incluem termos como beijar a mão ou o chão — ambas exigem que nos curvemos. Esses termos vêm de movimentos físicos visíveis que demonstram a adoração invisível do coração ou do espírito. A. W. Tozer definiu adoração como: "Uma sensação humilhante, mas prazerosa de admiração e maravilhamento". Sim, podemos expressar adoração pela música, mas também de muitas outras maneiras.

Nós nos acostumamos a ver o mundo dividido em compartimentos sagrados e seculares. Essa maneira de pensar distorce o modo como vemos o trabalho. O sagrado traz à mente termos como puro, santo e consagrado. O dicionário *Merriam-Webster* online até inclui a palavra adoração em sua definição de sagrado: "Dedicado ou separado para o serviço ou adoração de uma divindade". Todas essas palavras descrevem os tipos de coisas que sabemos que agradam a Deus. Assim, se você se dedica ao trabalho sagrado, é fácil pensar no que você faz como uma oferta digna, como parte da sua adoração. Por outro lado, o secular está vinculado a um conjunto completamente diferente de palavras. Como mundano, ou profano (da mesma raiz que "profanar"), ou materialista. Um grupo ateu nomeou sua página na internet de *Secular Web*. Portanto, se você pensa em seu trabalho como secular, não verá muito potencial para oferecê-lo como adoração.[56]

---

[56]Tradução livre de trechos do livro *Job-Shadowing Daniel: Walking the Talk at Work* de Larry Peabody (Outskirts Press, 2010).

Jesus descreve o tipo de adoradores que o Pai procura: os que o adoram "em espírito e em verdade" (JOÃO 4:23).

Como vimos anteriormente, as palavras hebraicas *avodah* e *sharath* e as palavras gregas *diakonia, latreia* e *leitourgia*, apesar de, às vezes, traduzidas por "serviço" ou "ministério" em nossas versões bíblicas, podem significar muito mais do que isso. Os escritores do Novo Testamento foram limitados na tradução deles, visto que o grego não tem equivalentes para *avodah* ou *sharath*. O que nós precisamos em nossa língua é uma única palavra, a palavra de Deus, para trabalho, serviço e adoração. O fato de o grego e o inglês não terem palavras equivalentes às do hebraico não significa que não podemos inventá-las. Os dicionários todos os anos acrescentam dezenas de palavras novas. O mundo está em constante mudança, e nosso vocabulário com ele.

Aos olhos de Deus, trabalho, serviço e adoração são a mesma coisa. Assim, em vez de perguntar às pessoas "o que você faz?" ou "no que você trabalha?", talvez devêssemos perguntar: "Qual é seu ministério?". Ou talvez careçamos de uma palavra totalmente nova — uma palavra que una trabalho, serviço e adoração. Se começamos com trabalho, incluímos serviço e terminamos com adoração, assim temos "trabalhoserviçoadoração". Sim, muito complicado. Se substituirmos trabalho por labor, um de seus sinônimos, e suprimirmos serviço, temos "laboradoração".

Laboradoração é trabalho. *Laboradoração* é serviço. *Laboradoração* é adoração. Aos domingos, às segundas-feiras, em qualquer dia da semana eu faço laboradoração. Experimente isto da próxima vez que você vir um amigo: "Oi! Como você vai? Como vai sua laboradoração?".

Outro mal-entendido que impede os crentes em Cristo de enxergar o trabalho como adoração é a ideia de que, ao adorar, temos de concentrar nossos pensamentos unicamente em Deus. Digamos que seu trabalho é consertar instalações elétricas e encanamentos, redigir um relatório financeiro ou obturar dentes. Essas atividades desviam sua atenção de Deus e com isso cancelam sua adoração? Observe o que Deus diz em Sua palavra:

> *Eu escolhi Bezalel, filho de Uri, filho de Hur, da tribo de Judá, e o enchi do Espírito de Deus, dando-lhes destreza, habilidade e plena capacidade artística para desenhar e executar trabalhos em ouro, prata e bronze, para talhar e esculpir pedras, para entalhar madeira e executar todo tipo de obra artesanal. Além disso, designei Aoliabe, filho de Aisamaque, da tribo de Dã, para auxiliá-lo. Também capacitei a todos os artesãos para que executem tudo o que lhe ordenei.*
> ÊXODO 31:2-6

Bezalel não foi ungido e chamado para seu trabalho? Sua habilidade veio do seu próprio aprendizado e experiência ou de Deus? Este é um de vários exemplos no Antigo Testamento em que, como no caso dos sacerdotes, trabalhadores são "separados", chamados e ungidos por Deus para fazer o trabalho deles — isso é laboradoração! Aos domingos, minha laboradoração é cantar para o Senhor louvando-o. Às segundas-feiras, minha laboradoração é trabalhar em meu emprego para o Senhor e louvá-lo.

Resumo

O Novo Testamento jamais rotula um trabalho como sagrado e outro como secular. Na verdade, Paulo nos exorta diversas vezes: "Tudo o que fizerem, façam de todo o coração, como para o Senhor, e não para os homens" (COLOSSENSES 3:23; VEJA TAMBÉM 3:17; EFÉSIOS 2:10; 6:7). O mundo pós-moderno nos rodeia. Precisamos rever nossas metodologias e estratégias evangelísticas a fim de adaptá-las à nossa época. Além disso, temos de reconhecer como alguns dos nossos termos "cristãos" se tornaram antibíblicos e prejudiciais. Na perspectiva de Deus não há desigualdade entre homem e mulher, preto e amarelo, rico e pobre, sacerdote e leigo. Temos de reajustar nossas palavras e esquecer os termos que refletem certa hierarquia "espiritual" em Seu Reino.

Temos de abraçar o futuro. Isso significa que evangelizar será menos sobre programas e eventos e mais sobre validar o chamado das pessoas e trabalhar com elas a fim de tornar a tarefa que Deus deu a elas uma realidade.

O que precisa ser reajustado?

- ✓ Nossa evangelização
- ✓ Nossa terminologia
- ✓ Nossas atitudes e nosso coração

Sabemos que o conhecemos, se obedecemos aos seus mandamentos. Aquele que diz: "Eu o conheço", mas não obedece aos seus mandamentos, é mentiroso, e a verdade não está nele. Mas, se alguém obedece à sua palavra, nele verdadeiramente o amor de Deus está aperfeiçoado. Desta forma sabemos que estamos nele: aquele que afirma que permanece nele, deve andar como ele andou. 1 JOÃO 2:3-6

Reajustando conceitos e práticas

11

Quatro lições
> *Se você faz o que sempre fez, você obterá o que você sempre obteve.* TONY ROBBINS

> *Creio que os pregadores passam bastante tempo, e com razão, pensando em problemas antigos. E apesar de se saber que as pessoas nos tempos bíblicos lidavam com questões difíceis, nosso mundo é muito diferente do delas.* JOHN KNAPP

> *...tudo o que não provém da fé é pecado.*
> APÓSTOLO PAULO[57]

---

[57]Romanos 14:23

Era Páscoa. Aquela seria a última noite que Jesus passaria com os Doze. Ele tinha preparado uma última atividade em grupo antes de se entregar às autoridades. Reuniu Seus discípulos sabendo que precisava prepará-los para aquele fim de semana. Seria um fim de semana devastador, de muito sofrimento e cheio de surpresas para todos eles, pois Jesus sabia o que estava por vir. Sua dinâmica de grupo envolvia quatro lições de revisão[58], quatro testes que amarrariam todos os Seus ensinamentos e experiências juntos.

A *lição número um* começa de maneira muito incomum. Jesus fez algo que era inconcebível para a época: o Mestre cumpre a obrigação de um insignificante escravo — Ele lava os pés dos Seus discípulos (JOÃO 13:1-11). Podemos imaginar que todos eles protestaram tentando fazê-lo parar, mas apenas a recusa de Pedro ficou registrada. Porém Jesus insiste e depois resume Sua atividade declarando: "Eu dei o exemplo, para que vocês façam como lhes fiz. Digo verdadeiramente que nenhum escravo é maior do que o seu senhor, como também nenhum mensageiro é maior do que aquele que o enviou. Agora que vocês sabem estas coisas, felizes serão se as praticarem" (JOÃO 13:15-17).

Humildade, e não honra, é o estilo de Deus. Amar outros exige servir outros. Jesus demonstrou com o Seu exemplo que a humildade deve ter prioridade sobre tradições culturais. Dali em diante, Seus ensinamentos, ações e palavras deveriam ser o padrão, e não as regras culturais ou tradições religiosas judaicas. Amar requer servir. Viver em

---

[58]Os quatro evangelhos registram essas lições em ordens diferentes, mas elas são as mesmas.

Cristo não é sobre quão alto você consegue subir, mas quão baixo você está disposto a descer.

A mente dos discípulos ainda estava confusa e perturbada com o ensinamento cultural de Jesus ao lavar os pés deles, e o Senhor já passa à *lição número dois*. Jesus os provoca novamente para fazê-los pensar: "...certamente um de vocês me trairá" (JOÃO 13:21). Como assim? Você pode sentir como eles se encolhem e resistem. Jamais! Entretanto eles já tinham aprendido que Jesus sempre está certo... e agora, o que devem pensar?

A *lição número dois*, como a lição número um, revela o coração dos discípulos. A atenção e a preocupação deles rapidamente se volta para eles mesmos, e logo começam "a dizer-lhe, um após outro: 'Com certeza não sou eu, Senhor!'" (MATEUS 26:22). E como se isso não bastasse, assim que a traição de Judas fica evidente os discípulos iniciam uma discussão "acerca de qual deles era considerado o maior" (LUCAS 22:24). Por três anos eles tinham andado com Jesus, mas os pensamentos deles continuavam girando em torno de si mesmos, não estavam centrados em Jesus e em fazer a vontade dele. Embora fossem Seus seguidores mais próximos, eles evidenciaram o quanto eram egocêntricos.

A *lição número três* começa quando os discípulos se dispõem a celebrar a refeição pascal. A Páscoa era um dos feriados mais sagrados no calendário judaico. As famílias se reuniam em observância da aliança de Deus firmada na Páscoa e para agradecer e recordar a fidelidade do Senhor que propiciou a saída de seus ancestrais do Egito.

Alguns dos discípulos tinham trabalhado o dia inteiro. A sala estava organizada, a comida preparada e servida. A refeição começa e todos desfrutam da celebração quando Jesus faz uma pausa e fala. Hora da *lição número três*. Jesus atrela Sua humildade e Sua atitude de serviço ao sacrifício do cordeiro pascal, que representa Seu próprio corpo e sangue. Ele está ilustrando o que em breve exemplificará — entregar a própria vida por outros.

Jesus é nosso mestre. Jesus é Deus. A vida não é para ser vivida para nós mesmos. Jesus exemplifica e verbaliza humildade, atitude de serviço e sacrifício durante aquela última noite juntos. Agora é hora de morrer — para si mesmo. A aliança pascal, Ele declara, logo estará cumprida, e uma nova aliança será estabelecida. Ele lhes diz: "Um novo mandamento dou a vocês: Amem-se uns aos outros. Como eu os amei, vocês devem amar-se uns aos outros. Com isso todos saberão que vocês são meus discípulos, se vocês se amarem uns aos outros" (JOÃO 13:34-35).

As últimas horas de Jesus sem grilhões foram investidas com Seu Pai, em oração no Getsêmani. Seu relacionamento com Deus era pessoal e Ele nos convida a ter o mesmo relacionamento pessoal com Deus. Relacionamentos, no entanto, são mutáveis; não há dois iguais. Acontece que os líderes de Israel tinham elaborado processos e escrito regras que as pessoas deveriam seguir a fim de obedecer a Deus. Havia uma "maneira prescrita" de buscar a Deus. Ou seja, as pessoas não adoravam a Deus de acordo com o que Ele estabelecera, mas à maneira delas. E apesar de os Doze terem caminhado com Jesus e Ele os ter discipulado por três anos, eles ainda não entendiam. Os discípulos, assim como os mestres religiosos da época, tinham decidido que em poucos dias se tornariam importantes — famosos. Rudes pescadores interioranos, agora no topo do mundo. Em breve eles se sentariam em tronos, esnobando liderança e poder! Quão equivocados estavam, pois a realidade deles seria bem diferente. Em poucas horas eles seriam surpreendidos e fugiriam para salvar a própria vida. Humildade precede a honra; a obediência a Deus anula as tradições culturais e religiosas; morrer para si mesmo por amor a Jesus e a outros — são lições difíceis de aprender. Mas ainda restava uma.

A última e quarta lição é um sério lembrete de que os discípulos de Jesus seriam enviados ao mundo (VEJA LUCAS 22:35-37). A perseguição estava vindo. Eles tinham sido advertidos e tiveram tempo para se preparar, mas sob pressão eles fugiriam e reprovariam nos testes de sacrifício e serviço, fidelidade e perseverança. É compreensível esta fala: "Tornar-se um escravo e viver para outros não é fácil". Os discípulos, do passado e de agora, precisam entender a importância da oração — da intimidade com Jesus — sem a qual não podemos esperar passar nos testes e suportar a perseguição que fora predita (VEJA MATEUS 10:23; 2 TIMÓTEO 3:12).

O Reino vindouro não gira em torno de nós. Jesus é o Cordeiro pascal, o sacrifício definitivo por todos os pecados. Humildade, amor, sacrifício e serviço são atribuições de todos os discípulos, e a perseguição é iminente. Isso é muito para digerir de uma só vez. Porém nessas quatro lições, Jesus deu aos discípulos noções suficientes para manterem-se na rota e estarem prontos para o que estava por vir. Ele lançou o tríplice alicerce sobre o qual eles poderiam e construiriam:

1. Comunhão com Deus;
2. Oração;

3. Amor: servir uns aos outros e colocar os outros acima de si mesmos.

AMEM uns aos outros. OREM uns pelos outros. ORAÇÃO e AMOR em relacionamento com Deus são as chaves que Ele providenciou para abrir corações e liberar Seu poder entre todos os povos.

Para levar

O que podemos aprender das últimas lições de Jesus, dos discípulos e mesmo dos líderes religiosos daquela época? Paulo escreveu à igreja em Corinto: "O conhecimento traz orgulho, mas o amor edifica" (1 CORÍNTIOS 8:1). Será que há coisas que precisamos reconsiderar e reajustar? Lendo estas páginas, o que o Espírito Santo está dizendo a você?

Em vez de derrubar outros, nós nos concentramos firmemente no prêmio maior em Cristo Jesus. Vivemos com o único propósito de morrer para si mesmo (VEJA LUCAS 9:23-25). Ansiamos por ver o poder do Senhor agir mediante a oração e o amor (VEJA JOÃO 13:34-35; 1 JOÃO 3:11). Corremos para vencer, para conquistar o prêmio (VEJA 1 CORÍNTIOS 9:24). Alcançaremos uma pessoa de cada vez, com conhecimento prático, com esforço integral e com paixão. Nosso objetivo, dito de maneira simples, é ver a glória de Deus entre todos os povos. Ansiamos por nos juntar a essa "grande multidão que ninguém podia contar, de todas as nações, tribos, povos e línguas, em pé, diante do trono e do Cordeiro, com vestes brancas e segurando palmas. E clamavam em alta voz: 'A salvação pertence ao nosso Deus, que se assenta no trono, e ao Cordeiro'" (APOCALIPSE 7:9-10).

Entretanto, estamos defendendo mudanças em nosso pensamento e nossa prática missionária. Nosso alvo é entregar mais do que apenas palavras a nossos irmãos e irmãs no presente e no futuro. Desejamos ajudar uns aos outros a integrar vida, trabalho e adoração — *laboradoração*. Nosso objetivo é alcançar os propósitos que Jesus revelou, a fim de vivermos Seus mandamentos em Seu poder e Seu conhecimento.

Sabemos que nossa vida em Jesus é uma coisa só. Deus não a secciona; nós somos um só corpo. Somos um nele. A informação correta proporciona conhecimento, e conhecimento traz influência. Nossa tarefa é nos exortarmos uns aos outros para maximizar nossos dons, talentos e experiências para a glória de Jesus. Compartilhar é capacitar. Entendemos que, por mais importantes que as ideias sejam, "o Reino de Deus não consiste em palavras, mas em poder" (1 CORÍNTIOS 4:20).

Deus nos ordenou a alcançar todos: o colega na mesa ao lado, a moça do outro lado do balcão. Negócios têm a ver com pessoas. Evangelização por meio de empresas nos permite caminhar com as pessoas na jornada da vida *delas*. Amar nosso próximo significa estar presente com ele nas horas boas e ruins. Significa colocar as necessidades e alvos dos nossos colegas de trabalho e vizinhos acima dos nossos. Abrange morrer para si mesmo e colocar nossos planos de lado, para andarmos com eles e ajudá-los a atingir os deles. Oração e amor são atos altruístas que fluem do coração, não são estratégias que se encontram em listas de técnicas eficientes de gerência. Por isso, é difícil aplicá-los em nossa vida e trabalho diário. Oração e amor demandam tempo extra e não são fáceis de medir. Porém se queremos fazer brilhar a luz de Jesus, precisamos que a oração e o amor nos ajudem a refletir os valores do Reino de Deus. Se queremos servir o Senhor e ganhar outros para Ele, precisamos reajustar nossas atitudes e práticas, refazer nossas ferramentas e estratégias humanas e treinar nosso povo novamente. Há muita coisa para reajustar!

A partir do momento que você separa corpo e espírito, você tem um cadáver. Eu creio que se você separar fé e obras, você obterá a mesma coisa — um cadáver. Minha oração é que este livro questione a maneira como você enxerga o mundo e seu trabalho nele. Espero que ele o encoraje em sua caminhada com Jesus e sacuda seus paradigmas de ministério: trabalho é adoração. Martinho Lutero desencadeou a Reforma Protestante. Deus mostrou a muitos de nós que, mais uma vez, necessitamos mudar a nossa maneira de pensar. A Bíblia e a razão nos convencem de que a igreja precisa de novos paradigmas para esses novos tempos.

Precisamos reajustar a liderança, o treinamento, a formação, o envio — temas que trataremos no próximo livro desta série. E ao reajustar, quero ser audaz, porém receptivo a conselhos. Onde estiver errado, peço a você que me convença disso pelas Escrituras e com bons argumentos. Apele à minha consciência. Seja como os bereanos e examine "todos os dias as Escrituras, para ver se tudo era assim mesmo" (ATOS 17:11).

Resumindo, nossa mensagem não precisa ser aceita por todo mundo nem precisamos nos esforçar para ser politicamente corretos. Não estamos procurando maior segurança, nem evitando perseguição. Alcançar o mundo por meio do mercado de trabalho não significa diluir nosso comissionamento global, nem defender uma transparência ingênua à qual falta prudência. E acima de tudo, definitivamente, não é ficar rico à maneira do mundo.

O que significa tornar essa mensagem compreensível? Significa viver as palavras de Jesus sob Sua autoridade e com Seu poder. Seguir Jesus no século 21 denota viver uma vida integrada. Seguir Jesus no mundo atual significa estar plenamente ciente do impacto profundo que a globalização, o terrorismo, o pluralismo e a ciência têm sobre a maneira como as pessoas vivem, pensam e ministram. Se queremos causar um impacto por Jesus, precisamos "cair na real" e deixá-lo viver em nós e por meio de nós 24 horas por dia, 7 dias por semana. Encarar as complexidades do século 21 exige mais ação do que palavras. Palavras são extremamente importantes; mas com tantas notícias falsas, ações falam mais alto que palavras. Precisamos ter uma perspectiva integral da vida e do trabalho — *laboradoração*. Devemos ser "encarnacionais". De forma intencional, precisamos incorporar as boas-novas de Jesus em tudo o que fazemos e onde quer que estejamos, especialmente em nosso local de trabalho.

É tempo de reajustar

Costuma-se dizer que a mudança é a única constante na vida, mas as pessoas têm certa predisposição a resistir à mudança por conta dos riscos que a envolvem. Apesar da tendência à resistência, precisamos reajustar. Corrigir as coisas — do jeito de Deus — é mais importante que nunca.

Atribui-se a Napoleão a frase: "Temos de alterar nossas táticas a cada dez anos se queremos manter a superioridade". Hoje em dia o ritmo de mudança é imensamente mais rápido e só continuará acelerando. Em cada área da vida e do trabalho, concordamos que organizações e pessoas que não mudam estão fadadas a perder terreno e a ficar para trás. O evangelho é claro: trabalho e adoração devem estar integrados — não apenas por ser uma boa estratégia, mas por ser a estratégia de Deus.

Toda estratégia desenvolvida para compartilhar o evangelho é boa. E se a oração e o amor fazem parte dela, toda ela funcionará. No entanto, nenhuma estratégia é tão natural e gera mais tempo com pessoas do que trabalhar com elas. Se os não alcançados devem ouvir e experimentar a graça de Deus: Seu perdão e Seu amor, não há coisa melhor a fazer do que trabalhar ao lado deles. Todavia, para alterar nossas estratégias precisamos mudar nossa maneira de pensar. Se reajustarmos e mudarmos nossas práticas, que seja para um modelo evangelístico baseado em negócios. Isso exigirá muito crescimento pessoal, especialmente por parte daqueles aos quais chamamos de "clero". Isso também pode exigir tempo. Pode ser que tenhamos de crescer em nosso conhecimento de empreendedorismo e liderança. Pode ser que precisemos de um nível completamente diferente de entendimento cultural para atuar no mundo corporativo daqueles que estamos tentando alcançar. E definitivamente precisaremos que o Espírito Santo nos revele constantemente as áreas em que não estamos permitindo Seu amor brilhar por meio de nossas ações e palavras. Tudo isso levará tempo e exigirá muito de nós, mas eu garanto que, se adorarmos ao Senhor em nosso local de trabalho, descobriremos uma nova profundidade em nosso relacionamento com Ele.

O primeiro passo em direção a reajustar é compreender. Minha oração é para que este livro lhe traga uma maior compreensão sobre a vontade de Deus e lhe revele uma maneira nova e diferente de se dedicar a fazer discípulos de todas as nações, que inclua aqueles com que você trabalha todos os dias. O custo de fazer as coisas do nosso jeito — o jeito com que as temos feito há séculos — é muito mais alto do que o custo da mudança.

Não são as nossas ferramentas e estratégias que estão em jogo, mas sim a glória de Deus.

Nós o proclamamos, advertindo e ensinando a cada um com toda a sabedoria, para que apresentemos todo homem perfeito em Cristo. COLOSSENSES 1:28

Terminologia

BAM (*Business as Mission*), no Brasil *Negócios como Missão*. Esse movimento vem demonstrando como o Reino de Deus se expressa no contexto empresarial — e com isso se ocupando das questões sociais, econômicas, ambientais e espirituais mais prementes do mundo. *Negócios como Missão* tem em vista empresas lucrativas e sustentáveis que são proativas em difundir o Reino de Deus, concentrando-se na transformação integral e nas metas múltiplas do impacto econômico, espiritual, social e ambiental. *Negócios como Missão* é um conceito que pode e deve ser aplicado em qualquer lugar, mas o movimento tem um interesse especial por pessoas e lugares em que há grandes necessidades econômicas, sociais, ambientais e espirituais.

B4T (*Business for Transformation*), segmento de *Negócios como Missão* que procura impactar os menos alcançados por meio de empresas que geram riqueza. Uma empresa B4T é uma empresa plantada em lugar estratégico, não alcançado, na Janela 10/40, empenhada em ser lucrativa, em gerar empregos e em abençoar a comunidade local em nome de Jesus, de modo geral por meio de transformação e de modo específico pela evangelização, discipulado e plantação de igrejas. B4T é um segmento de BAM no sentido de que BAM é global e B4T se concentra nos povos muçulmanos, hindus e budistas do mundo.

Transformação, refere-se ao impacto causado em uma comunidade de quatro formas mensuráveis: em termos espirituais, econômicos, sociais e ambientais.

ONG (Organização Não Governamental), organização não patrocinada por um governo, uma entidade beneficente que não é lucrativa. Muitas organizações missionárias têm ONGs como subsidiárias que lhes prestam serviços variados, como atendimento médico, educação, treinamento profissional ou distribuição de donativos. Muitos projetos de desenvolvimento que criam microempresas também são ONGs.

OPEN, rede de centenas de empresários e profissionais de B4T que trabalham na Janela 10/40.

Plataforma, referência a uma empresa usada por um obreiro/missionário para legitimar sua presença e seu trabalho entre pessoas em contexto de acesso limitado. Em muitos casos essas empresas estão apenas no papel, ou não dão lucro. O trabalhador depende em parte ou totalmente de doações.

Janela 10/40, faixa entre os graus 10 e 40 ao norte da linha do equador, do Saara no norte da África até o extremo Oriente, abrangendo quase toda a Ásia. Aproximadamente dois terços da população mundial vivem na Janela 10/40, sendo a predominância de muçulmanos, hindus, budistas, animistas, judeus ou ateus.

Sozinha não posso mudar o mundo, mas posso lançar uma pedra sobre as águas e fazer muitas ondulações. MADRE TERESA DE CALCUTÁ

Agradecimentos

Meu objetivo em pesquisar e escrever tem sido me empenhar com todo meu coração, alma, mente e força para obter alguma clareza do que o Pai vê, sente e percebe, a fim de que eu possa experimentar a plenitude da Sua verdade, alegria e sabedoria. Minha principal fonte de orientação é a Bíblia. Logo, meu propósito ao escrever este livro é ajudar as pessoas a pensar biblicamente de forma a produzir uma mudança duradoura. Toda mudança permanente ocorre quando a pessoa altera o modo como ela percebe a realidade. Sendo assim, esta obra é uma tentativa, a partir das Escrituras, de compartilhar o que eu creio ser a perspectiva de Jesus sobre a realidade.

Por mais de 50 anos, estou comprometido com ver o nome de Jesus exaltado em cada tribo, povo, língua e nação. As palavras do Senhor em Mateus 24:14 foram fundamentais para despertar na minha esposa e em mim a consciência de nos empenharmos em entregar nossa vida para a glória dele:

Este evangelho do Reino será pregado em todo o mundo como testemunho a todas as nações, e então virá o fim.

Minha esposa, May, é parte de tudo o que eu faço. Há mais de 40 anos fazemos praticamente tudo juntos. Apreciamos a caminhada na qual o Senhor nos colocou, mesmo que o percurso não tenha sido fácil. Obrigado, May, por perseverar nessa jornada comigo.

Tenho o privilégio de trabalhar com centenas de colaboradores B4T em todo o mundo. O compromisso deles de caminhar com Jesus em lugares difíceis me inspira. A experiência deles com B4T desafia e aperfeiçoa meus pensamentos. Sem eles, faltaria substância a este livro. A todos vocês na rede OPEN, muito obrigado!

Muitas pessoas maravilhosas participaram da produção deste livro. Abby, Arnold, Bethany, Dick, Gary, Heidi, Holli, Leslie e Lud. Obrigado pelas horas que passaram editando o texto! Heidi e Bethany, peço a Jesus que ponha mais uma joia na coroa de vocês por todo o trabalho que fizeram a fim de aprontar o texto. Entretanto, ainda não guardem os marcadores de texto, pois há mais dois livros em produção!

Mais de 20 trabalhadores B4T da rede OPEN contribuíram com histórias e ideias; a maioria deles pediu para não serem mencionados.

Toda a equipe de OPEN ofereceu-me tempo e encorajamento.

Obrigado a todos vocês!

Sobre o autor

Patrick Lai e sua família trabalham na Ásia há mais de 37 anos. Sua experiência em ser empresário com Jesus o levou a entender o sentido do trabalho e da adoração no local de trabalho. Ele começou 14 empresas em quatro países, das quais seis estão em atividade. O Senhor possibilitou àqueles a quem ele discipulou plantarem três igrejas entre os chineses e quatro entre os muçulmanos. Ele é fundador e líder de uma rede de profissionais e empresários que trabalham em 50 países da Janela 10/40.

Patrick é bacharel em Economia, mestre em Teologia e doutor em Estudos Interculturais. É autor de *Fazedores de tendas — Como aliar negócios e missões* (Editora Vida, 2017). Atualmente Patrick e sua esposa servem como mentores e *coaches* de empresários que trabalham em lugares onde há poucos ou nenhum cristão.